C. S. Lewis.

人 之 废
THE ABOLITION
OF MAN

【英】C.S.路易斯 著 邓军海 译注 叶达 校

华东师范大学出版社
上海

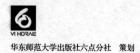

华东师范大学出版社六点分社　策划

谨以此译献给父亲一样的老师

陈进波先生

The Master said, He who sets to work on a different strand destroys the whole fabric.

子曰:"攻乎异端,斯害也已!"(《论语·为政第二》)

目　录

中译导言:道与意识形态 / *1*

译文说明 / *1*

1　无胸之人 / *1*

2　道 / *36*

3　人之废 / *66*

4　附录:道之例证 / *96*

译附　C. S. 路易斯:《主观论之毒害》/ *141*

答谢 / *163*

中译导言:道与意识形态

《人之废》是本小书,中译本正文不足四万字。加上原著附录及译者附录,也不足六万字。书规模很小,谈论的却是大问题。不揣冒昧写译者导言,就是想提醒诸君,勿因其部头小而小看这本小书。

即便看作小书,也应看作是"大家小书"。坊间"小家大书"多之又多,虚张声势而又灾梨祸枣,称之为文化垃圾或许有些过分,一生不读还是可以确保无妨。苏珊·桑塔格曾说:"我们的文化是一种基于过剩、基于过度生产的文化;其结果是,我们感性体验中的那种敏锐感正在逐步丧失。"①既如此，阅读还真像写作一样，也成了一种省略的艺术。② 既如此，与其读那么多的小家大书，还不如认真阅读一本大家小书。

既然诚请诸君阅读中译本，其隐含读者定然是中国知识人。译者作为所谓的现代中国人，只能主要谈谈这本小书对现代中国之"不小"。当然，首先是对译者本人之"不小"。

一　道与意识形态

现代中国知识人喜言中西之分，却罕言甚至忘却古今之别。在路易斯看来，与古今之别相比，中西之分几乎可以忽略不计。③

---

① ［美］苏珊·桑塔格：《反对阐释》，程巍译，上海：上海译文出版社，2011，第15页。

② 朱光潜在《给青年的十二封信》中说道："斯蒂文森论文，说文章之术在知遗漏（the art of omitting），其实不独文章如是，生活也要知所遗漏。……十年以来，说了许多废话，看了许多废书，做了许多不中用的事，走了许多没有目标的路，多尝试，少成功……为什么天天做明知其无聊的工作，说明知其无聊的话，和明知其无聊的朋友假意周旋？"（《朱光潜全集》新编增订本第1卷，中华书局，2012，第54页）

③ 关于古今之别，路易斯颇多不刊之论。详参《现代人及其思想范畴》（邓军海译）及《论时代的分期》（文美惠译）二文。前文，见拙译《切今之事》，华东师范大学出版社，2015；后文，见戴维·洛奇编《二十世纪文学评论》（下册），上海译文出版社，1993。

古今之别之一就是,古人念兹在兹的是"道",在今人眼中沦为意识形态(Ideology)。

道与意识形态之别,大矣哉。试想,把古人的"铁肩担道义"、"先师有遗训忧道不忧贫"里面的"道义"或"道"字,换成意识形态,会是个什么味儿?再试想,孔子杏坛讲道,你走过去说,你所说的那个道只不过是意识形态,又会是什么效果?相对于此效果,目下极为时髦的"解构",则像是太过复杂的小儿科。

说得更理论一点,在价值论论域,"道"意味着善是客观的,即便世上所有人都成了坏蛋,善依然是善,故而意味着价值客观论;而"意识形态"一词则意味着,所谓的"善"只不过是出于某时某地某个阶级或某种统治力量之要求,是制造出来的一套话语,是一种建构,是人或某些人的主观愿望之表达,故而意味着价值主观论。在形而上学论域,前者意味着"道"乃原生(original),我们人乃派生(derivative):"道生一,一生二,二生三,三生万物";后者则意味着我们人乃原生,"道"乃派生。在宗教论域,前者意味着人乃神造,故而人需接受神之审判;后者则意味着神乃人造,神要接受人之审判;

古人接近上帝(或诸神),恰如被告接近法官。对于现代人而言,这一角色反了过来。他是法官;上帝则在被告席。他是个相当仁厚的法官:要是上帝对其身为神却容许战争、贫穷和疾病,能做出合理辩护,他倒情愿听取。案件甚至会以上帝之无罪开释作结。然而重要的是,人在法官席,上帝在被告席。①

问题是,现代人凭什么审判上帝?假如古人所谓的亘古不变之"道",只不过是意识形态,那么,现代人审判上帝,就只不过是反映了其一时好恶。常听些论者说,人类政治的最高境界就是审美政治,法律道德都遵循审美法则,人间秩序臻及艺术境界。这些天真的知识人忘了,假如我就喜欢杀人越货喜欢变态,我在其中能体会到快乐也能感受到自由,你怎么说?你不会去说"趣味无争辩"吧。要是趣味

---

① 路易斯《古今之争》(*God in the Dock*)一文第 7 段,文见 C. S. Lewis, *God in the Dock*: *Essays on Theology and Ethics*, Walter Hooper, ed. (Grand Rapids: Eerdmans, 1970)拙译该书将于 2015 年由华东师范大学出版社出版。

有争辩,凭什么争辩?

罗素曾说:"尽管我不知道如何去拒斥对于伦理价值主观性的论证,但我发现自己不能相信,荒淫残暴的所有错处就是我不喜爱它。"[1]罗素的忧心,不是他个人的多愁善感,而是现代社会的一个大问题。要是我们秉持价值主观论,要是我们认为并无所谓"道"只有意识形态,请问,我们如何反对荒淫残暴。路易斯则问,我们凭什么宣判纳粹德国为恶:

> 听到德国把正义(justice)界定为符合第三帝国之利益,每个人都义愤填膺。然而我们常常忘记,假如我们自己认为道德只是主观情操(subjective sentiment),可以随意变更,那么,我们的义愤填膺就毫无根据。除非有一些关于善的客观标尺(objective standard of good),无论我们服从与否,它也君临(overarching)德国人、日本人以及我们这类人,否则的话,德国人完全有资格去创造他们的意识形态,就像我们要创造我们

---

[1] Bertrand Russell, "Notes on Philosophy, January 1960," *Philosophy* 35 (1960):146—147.

自己的意识形态一样。(本书附录《主观论之毒害》第5段)

假如"道"只是意识形态,善之为善只是建构出来的价值观,我们凭什么指责无道邦国,凭什么说恶人是恶人?千万不要以为这是危言耸听,这恰好是人类的现代处境,恰好是"上帝死了"之后的人类处境。

二 上帝之死,与你我有关

尼采在《快乐的知识》第125章,写了这样一个著名故事。一个疯子或狂人,大白天挑着灯笼,在市场上一个劲喊"我找上帝!我找上帝"。无神论者哄笑,一阵接一阵。于是:

> 疯子跃入他们之中,瞪着两眼,死死盯着他们看,嚷道:"上帝哪儿去了?让我们告诉你们吧!是我们把他杀了!是你们和我杀的!咱们大伙儿全是凶手!⋯⋯上帝死了!永远死了!是咱们把他杀死的!

我们,最残忍的凶手,如何自慰呢?……"①

绝大多数中国学者常常提及这段往事,大抵不出两种语调。要么是一副解放论者或进步论者腔调,断章取义,全然不顾此故事背后之精神伤痛,更不顾那个疯子说凶手就是我们:"是我们把他杀了!是你们和我杀的!咱们大伙儿全是凶手!"要么则是一副中国文化优位论腔调,以为这只是西方世界之家务事,与中国人无关。我们可以偶尔隔岸观火,甚至不妨幸幸灾乐乐祸,说说西方不亮东方亮三十年河东三十年河西之类的得意话。

无论是哪副语调,都活像故事里哄笑不已的人。

乐谈上帝之死的学者,似乎很少有人想过陀思妥耶夫斯基的问题:"既然你心中没有了上帝,那还有什么罪行呢?"②假如没有上帝,"那不是'为所欲为'吗?"③这个为所

---

① [德]尼采:《快乐的知识》,黄明嘉译,北京:中央编译出版社,1999,第125章。
② [俄]陀思妥耶夫斯基:《卡拉马佐夫兄弟》,徐振亚、冯增义译,杭州:浙江文艺出版社,1996,第381页。
③ [俄]陀思妥耶夫斯基:《卡拉马佐夫兄弟》,徐振亚、冯增义译,杭州:浙江文艺出版社,1996,第320页。

欲为包括杀人越货。换言之,即便是阅读陀思妥耶夫斯基之时,似乎很少有人想到,伴随上帝之死而来的道德沦丧和价值真空,以及随后的精神迷乱与痛苦。①

知识人解读上帝之死的这丝轻薄,并非中国专利,倒像是许多现代思想的通病。因为,艾伦·布鲁姆(Allan Bloom)的提醒,起初并非专对中国学者:

> "上帝死了",尼采宣称。但他在这样说时,不是以胜利的口气,不是以早期无神论的风格——暴君已被打倒,人民获得了自由。相反,他在这样说时带着强烈的痛楚,因为人类最强烈而脆弱的虔诚信仰失去了恰当的目标。人热爱上帝,需要上帝,却失去了他的圣父和救世主,再无恢复的可能。人们在马克思那里发现的解放的欢愉,最终变成了失去保护的恐惧。②

要是我们真的想过陀思妥耶夫斯基的问题,也许就不难推

---

① 关于陀思妥耶夫斯基对"上帝之死"的忧心,何怀宏先生的《道德·上帝与人》(新华出版社,1999)一书之第五章。
② [美]艾伦·布卢姆:《美国精神的封闭》,战旭英译,南京:译林出版社,2007,第152页。

测,上帝之死,乃人类精神史上的一个大事件,是三千年未有之大变局。

进言之,上帝之死并非西方的家务事,也是中国的家务事。假如我们承认中国已经现代化了的话。

从海德格尔的解读,似乎也不难推断这一点。他说,尼采的"上帝死了"一语,虽然说的是基督教之上帝,但是我们千万不要忘记:"在尼采思想中'上帝'和'基督教上帝'这两个名称根本上是被用来表示超感性世界的。上帝乃是表示理念和理想领域的名称。"① 这一超感性世界,包括柏拉图的理式,亦应包括中国古人念兹在兹的天道:

"天行有常,不为尧存,不为桀亡。"(《荀子·天论》)

"人穷则反本,故劳苦倦极,未尝不呼天也。"(《史记·屈原贾生列传》)

"地也,你不分好歹何为地?天也,你错勘贤愚枉做天!"(《窦娥冤》)

---

① [德]海德格尔:《林中路》,孙周兴译,上海:上海译文出版社,1997,第223页。

古人心目中的"天",似乎和今人心目中的"天空"是两码事。换句话说,因上帝之死,现代人真不知道天高地厚,天之"高"与地之"厚"。古人心目中的"天"(Heaven),早已成了天空(sky)或太空(space),古人心目中的"地"(Earth),则似乎成了地段(place)和地产(estate)。在此现代宇宙中,劳苦倦极之时,又如何"呼天"? 不会只是觉得自己点背吧。

所以,在海德格尔看来,"上帝死了"一语,其实意味着形而上学的终结,意味着虚无主义的来临:

> "上帝死了"这句话包含着以下断言:这种虚无展开自身。"虚无"在此意味着:一个超感性的、约束性的世界的不在场。虚无主义,"一切客人中最可怕的客人",就要来了。①

借用艾伦·布鲁姆的话来说,上帝之死意味着现代人沦为"虚无主义深渊中的自由落体":

---

① [德]海德格尔:《林中路》,孙周兴译,上海:上海译文出版社,1997,第224页。

对尼采来说,这是一场空前的浩劫;它意味着文化的解体与人类志向的丧失。像苏格拉底那样"检省"生活既不可能,也不可取了。……简言之,尼采向现代人郑重宣布,他们是虚无主义深渊的自由落体。①

现代之所以是"三千年未有之大变局",就"道义"问题而言,就是这一虚无主义深渊。压垮这一自由落体的,将是生命不能承受之轻。

这一虚无主义的最大表征,并非价值之虚无,而是人类制造新价值之兴致勃勃。上帝死了,现代思想纷纷把许多俗物推上神坛,以取代上帝。艺术、爱情、革命、个人成功、民族富强、人类未来、现代化、自我实现、审美人生,等等等等,自现代以来,纷纷登上神坛,受知识人之顶礼膜拜。乱哄哄你方唱罢我登场,好不热闹。②

假如这一虚无主义诊断,并非吃饱了撑的,并非出于某

---

① [美]艾伦·布卢姆:《美国精神的封闭》,战旭英译,南京:译林出版社,2007,第97页。
② 关于中国现代最为流行的取代论"美育代宗教",拙文《重读"美育代宗教"小札》作过一些批驳。文见《美育学刊》2011年第6期。

种意识形态图谋,那么也许我们保险地说,上帝之死与你我有关。我们既是凶手,也是受害者;既是 agent 也是 patient。

雪莱曾说:"倘若古代世界的宗教诗随同古代世界的宗教信仰一起被消灭掉,……那么我们就无法设想世界的道德状况了。"①现代人,也许真的需要忧天之杞人。

《人之废》这本小书,就是一部杞人忧天之作,只不过更忧心忡忡。路易斯忧心的是,假如"道"沦为意识形态,或者说根本没有所谓天道,只有意识形态,那么,人类的命运将不只是道德沦丧,而且是"人之废除"(abolition of man)。也许遵照现代规划师或意识形态建构者所创造的新道德,道德可能不大沦丧,但还是人之废除。

质言之,上帝之死的结果,终将是人之死。

历史不幸被路易斯所言中。近年又有当红的后现代派高呼"人死了"。只不过口号背后,似无尼采式的悲怆,倒更多的是胜利欢呼。仿佛又是一次解放,一次自觉,又是一种主体性之高扬。

---

① [英]雪莱:《诗辩》,伍蠡甫编:《西方文论选》下卷,上海:上海译文出版社,1979,第55页。

我一直纳闷,为什么知识人,也即以有知识自命且凭知识谋生的人,谈起死亡总那么轻巧,甚至兴高采烈。约翰·邓恩(John Donne)有诗云:

> 无论谁死了,
> 我却觉得是我自己的一部分在死亡,
> 因为我包含在人类这个概念里。
> 因此我从不问丧钟为谁而鸣,
> 它为我,也为你。

我们什么时候才会感觉到"上帝之死"的丧钟,也是为你我而鸣呢?

三 作为卫道士的路易斯

在现代中国,卫道士一词是个十足的骂人话;恰如在现代英国,古老诫命总会被贴上"清教主义"(Puritanism)标签。现代知识人之所以有勇气拿"卫道士"一词来骂人,是因为他们坚信,古人所谓的"道",只不过是意识形态。既然"道"只不过是意识形态,那么"卫道"就是抱残守缺,就是顽固不化,就是阻挡时代前进步伐,螳臂当车徒增笑柄。

路易斯说,这正中魔鬼之下怀。他在《魔鬼家书》藉大鬼之口说,清教主义这个标签背后的价值取向,是魔鬼近一百年来的最大胜利之一。正是因为这个字眼,每年有"成千上万的人脱离节制、贞洁、简朴生活"等美德。①

从某种层面上讲,路易斯恰好就是绝大多数中国现代知识人所厌弃的卫道士。因为《人之废》一书,就是一部卫道之作。更是因为,他对现代以来的形形色色的"重估一切价值"的尝试,他都斥之为虚妄。他坚信:"人类心灵无力发明新价值,恰如人无力想象一种新原色,或创造一个新太阳及日月行焉之天空。"(本书第二章第16段)

之所以坚信人类无力发明新价值,是因为坚信,天不变道亦不变,无论人类社会如何变迁,总有不变者在。现代人生怕落后于时代步伐,喜欢与时俱进,喜欢充当进步青年或开明老年。路易斯则要问,"进步到哪里"?"永久之道德标

---

① [英]路易斯:《魔鬼家书》,况志琼、李安琴译,上海:华东师范大学出版社,2010,第38页。

尺,是否妨碍进步"?他的答案是:

> 除非假定了一种不变的标尺,否则进步就不可能。假如善是个定准,那么至少可能的是,我们应当不断接近它。然而,假如车站像列车一样变动不居,那么,列车如何向它开进。我们关于善的观念是会变迁,然而假如并无绝对而又恒常之善以供回返,那么它们既不会变好也不会变坏。只有在一个完全正确(perfectly right)是"停滞"的条件下,我们才能一点点地接近正确。(本书附录《主观论之毒害》第14段)

这个像车站一样客观而又不变的善,乃古代之通见。路易斯征引柏拉图、亚里士多德,征引基督教、印度教,征引斯多葛学派,征引孔子,就是为了向现代人说明,古人世界无论文化差异有多大,都不会认为善只是主观情操(sentiment),只是特定好恶,而是相信宇宙之中一以贯之之道,相信善是客观价值:

> 林林总总的这种理解,柏拉图的,亚里士多德的,

斯多葛的,基督教的以及东方的等等——为求简洁,我将称之为"道"。我所引用的对于道的一些阐说,可能对你们多数人来说,只是显得离奇甚至古怪。然而这些阐说的一以贯之之处,我们切不可忽视。它是关于客观价值的教义,是一种信念,即,就宇宙之所是及我们之所是而言,某些态度着实是对的,另一些则着实是错的。那些知"道"之人认定,称儿童可爱老人可敬,并非只是记录一个心理学事实(a psychological fact),即我们自己"父慈"或"子孝"的一时情感;而是体认一种品质(quality),这种品质要求(*demands*)我们作出特定应答,不管我们是否实际作出。(本书第一章第16段)

套用我们前面说过的一句话,这种天道观要说的是,即便世上所有人都成了坏蛋,善依然是善;即便所有人都不忠不孝不仁不义,父慈子孝依然是我等之义务。以时代变迁、文化差异、性别身份或社会环境为名,把天道说成是意识形态,就相当于先把自己眼睛戳瞎,然后说世界真黑。

假如不嫌虚妄,非要用一个词或一句话来概括《人之废》主题,那就是"卫道",卫此亘古不变之道。路易斯说得

很明白:

> 关于非终极问题,一颗开放心灵是有益的(useful);关于理论理性或实践理性之根基(unltimate foundation),一颗开放的心灵就是白痴。假如一个人在这些事情上心灵开放,那就至少请他闭嘴。他对终极目的无缘置喙。立身"道"外,既没有资格(ground)批评道,也没有资格批评其他事情。(本书第2章第20段)

路易斯之所以说得这么决绝,原因可能很简单:假如你我怀疑"道",那么他会问,凭什么?

《人之废》原著扉页是《论语·为政第二》中的"攻乎异端,斯害也已",本书第二章题辞则是《论语·学而第一》里的"君子务本"。这或许也能约略说明,我说路易斯是个卫道士,不算胡说。我们再看看路易斯的这段文字:

> 中国古人也谈论"大"(great things),谈论太极(the greatest thing),他们称之为"道"(Tao)。这是一

种不可言说的实在,是造物主之前的渊冲(abyss)。它是"天"(Nature),是"路"(Way),是"由"(Road)。在此"道"中,天地位焉,四时行焉,百物生焉。每个人,亦应遵道而行,效法天地之化生万物,使自己的一切活动都顺应这伟大典范。(本书第1章第15段)

这与文天祥的"*天地有正气杂然赋流形*"何其相近。与路易斯的这段阐说相比,我们把文天祥的诗歌解释成爱国主义,又何其相远。

四 现代人也许更需要卫道士

经常有学人悲叹世风日下人心淆乱,却又习惯性地拿卫道士一词来骂人。也经常有知识人忧心,现代教育总被形形色色的主义甚至宣传所席卷,却又本能地认为,古人所谓的"道",不过只是意识形态。

而在路易斯看来,假如我们还坚持这么认为,那么,我们有可能就是助纣为虐,无论我们怎么憎恨纣。因为,把善之为善理解为"道"还是理解为意识形态,本身就意味着两种截然不同的教育：

> 老教育是启发（initiate），新教育只是配制（conditions）；老教育对待学生，像老鸟教小鸟习飞；新教育对待学生，则像养禽者对待幼禽——使得它们如此这般，对其目的幼禽一无所知。概言之，老教育是一种传承（propagation）——人之为人（manhood）代代相传；新教育则只是宣传（propaganda）。（本书第一章第19段）

教育的这一古今之别，说得更直截一点，就是古之教育有道，今之教育无道。古之教育，"传道授业解惑"；今之教育，则无道可传，只有特定条件下的特定价值观。

这一古今之别，艾伦·布卢姆亦有深刻体认。他指出，由于古老权威式微或饱受质疑，那么，家庭理应承当的道德教育就变得不再可能。即便可能，也只会蜕变成为"向儿童提供'价值'的尝试"。原因在于：

> 事实上父母也不知道自己信什么，所以他们缺少

自信,除了希望自己的孩子更幸福,能够发挥他们的潜力之外,不知道能否教给他们更多的东西。①

说得更通俗一点,假如善也是与时迁移,那么,父将何以教子?

你给孩子教老理,教古圣先贤,孩子则说,现在是新时代了,你那一套已经过时了。你给孩子讲天不变道亦不变,孩子说,道不过是意识形态,所谓天道,不过是人的发明。你给孩子讲,人应当有所敬畏,孩子说,那是因为你处于家长地位。怎么办?

至于学校教育,也无道可传。在布鲁姆那个时代,美国"突然冒出来'澄清价值观'的课程"以充道德教育,鼓励孩子们谈论堕胎、性别歧视和军备竞赛。布鲁姆说,这看似开放,实为宣传:

> 这样的教育无异于宣传,而且是毫无用处的宣传,因为塞给孩子的各种意见或价值是飘忽不定、不着边

---

① [美]艾伦·布卢姆:《美国精神的封闭》,战旭英译,南京:译林出版社,2007,第16页。

际的,缺少作为道德推理依据的经验或情感基础。舆论一变,这种"价值"也难免随之而变。这种新的道德教育完全不具备塑造道德本能或曰第二天性——它不但是性格也是思想的先决条件——的资格。①

千万不要以为布鲁姆所说的开放中的封闭,只是所谓西方的事,与我们无干。也许,我们中国更严重。

据说,在这块古老土地上的很多地方,"老实"已经成了傻子的代名词。

也许这只不过是传言,可以铁定的事实则是,我们的生活中,其实已经不大见上文所说的那种家长了。更常见的家长倒是,孩子三岁时,教孩子诚实,孩子不诚实,就义正词严一番;孩子十三岁时,孩子诚实了,则又反问,你咋这么老实?至于学校,似乎就不用再说了。

凡斯种种,都是意识形态僭居"道"位的必然结果。路易斯说:

---

① [美]艾伦·布卢姆:《美国精神的封闭》,战旭英译,南京:译林出版社,2007,第16页。

当我们相信,善就是发明之物,我们就会要求我们的统治者有这类品质,诸如"远见"(vision)、"活力"(dynamism)及"创造性"(creativity)等等。假如我们回归客观论,我们则会要求统治者具备更稀有也更有益的品质——德性(virtue),知识(knowledge)、勤勉(diligence)及才干(skill)。(本书附录《主观论之毒害》第23段)

换言之,在现代人的眼睛里,似乎已无有道之君和无道之君,只有能干与不能干之别了。难怪,如今还有那么多知识人崇拜拿破仑希特勒。同理,今天似乎也很少有知识人期望孩子或学生,"笃信好学守死善道"①了。我们似乎更多关心的是成功或适应社会。当然,每个时代总有卓尔不群之人,总有人嫌成功学和幸福学太过俗气。可这些卓尔之人,似乎不再"先师有遗训,忧道不忧贫",更多的则是:活出个性活出自我,自我实现之类理论即是;或者活出情调活出

---

① 《论语·泰伯第八》:子曰:"笃信好学,守死善道。危邦不入,乱邦不居。天下有道则见,无道则隐。邦有道,贫且贱焉,耻也;邦无道,富且贵焉,耻也。"

趣味,审美人生之类理论即是。

也许,相对于自我实现者或审美人生者,卫道士可能更靠谱一些。假如我们不满于教育沦为宣传,不满于人心淆乱的话。或者说得更直白一点,假如我们想找个牢靠人,那么是卫道士牢靠呢还是自我实现者或审美人生者牢靠?

五 路易斯为何厚古薄今

路易斯研究者 Bruce L. Edwards 指出,路易斯最不应当被人忘记的一点就是,"他对过去的尊重"(his respect for the past)。[①]

有人曾问路易斯,"由海明威、萨缪尔·贝克特及让-保罗·萨特之类作家所垂范的现代文学趋势,您会如何评价?"路易斯回答说:

[①] Bruce L. Edwards, "The Christian Intellectual in the Public Square: C. S. Lewis's Enduring American Reception," in *C. S. Lewis: Life, Works, Legacy*, 4 vols., ed. Bruce L. Edwards (London: Praeger, 2007), 4:3.

> 在这一领域,我所读甚少。我并非一个当代学者(a contemporary scholar)。我甚至不是一个研究往古的学者(a scholar of the past),我是一个爱往古的人(a lover of the past)。①

这何止是尊重过去,简直就是以"述而不作信而好古"夫子自道了。

也许有人会担心,这样爱往古,是否会自织罗网固步自封?这个问题,路易斯想过。得出的答案截然相反,恰巧是与时俱进不知往古的人,才最有可能自织罗网固步自封:

> 正如心理学家们教导我们的那样,在个人生活中,控制束缚我们的不是记忆中的过去,而是被遗忘的过去。对社会说来,情况也是一样。研究过去确实能使我们从现在中解脱出来,从我们自己市场上的偶像中解脱出来。不过我以为它同样使我们从过去中解脱出来。我看在各色各样的人中间,最不受过去制约的

---

① C. S. Lewis, *God in the Dock: Essays on Theology and Ethics*, Walter Hooper, ed. (Grand Rapids: Eerdmans, 1970), p. 264.

要算历史学家了。那些历史上的无知者常常在不知不觉中被离得相当近的过去所束缚。①

换句话说,也许只有藉助古人,我们才有可能反观现代之固陋(provincialism)②,才能反思现代性。

中国学界近年也反思现代,现代性一词也经常挂在知识人口边。然而遗憾的是,大多数人反思现代,要么是跟着后现代跳舞,很前卫很时髦;要么则是陷入中西文化家数,把古今之别置换成中西之争。后者是转换论题或偷换论题。前者则是举着红旗反红旗。因为拿后现代反思现代,其实不过是以"最"新反思"次"新,用新时髦反思老时髦。因为 modern 之为 modern,原本就是"新"、"今"之意。如此反思,与其说是反思,不如说是强化。因为此等反思所遵循

---

① [英]C. S. 刘易斯:《论时代的分期》,文美惠译,见《二十世纪文学评论》下册,戴维·洛奇编,上海:上海译文出版社,1993,第158页。

② 路易斯认为,文学教育之目的,在于让学生摆脱"固陋"(provincialism):"学生,甚至中小学生,由好的(因而各不相同的)教师带着,在过去仍然活着的地方与过去相遇(meet the past),这时他就被带出了自己所属时代和阶级之褊狭,进入了一个更为广阔的世界(more public world)。他在学习真正的精神现象学(Phaenomenologie des Geistes):发现人是何其异彩纷呈。"见拙译《切今之事》(华东师范大学出版社,2015)第5章《英语是否前景堪忧?》第5段。

者,乃现代思潮之内在理路(inner logic),重复并强化的恰好是现代以来的"时代势利病"(chronological snobbery)。① 概而言之,反思现代性,避开现代化可能会有的一些陷阱,最可靠的途径应是以古视今,而非以今视今,更非以今视古。

记得在五四时期,曾经有个很热闹的争论,争论现代青年应不应该读古书的问题。这样的争论仿佛在英国也有过,而且答案也似乎和中国差不多。因为路易斯在《论古书阅读》(On the Reading of Old Books)一文中,批评了这一流布甚广的观点,即阅读古书,乃专家之事;业余爱好者,读今人所著关于古书的书,足矣。准此,英国文学系的导师,学生可能读数十遍关于柏拉图主义的文字,而不去读柏拉图。

读书,路易斯显然是厚古薄今。他说,假如古书今著二择一,选古书。假如必须读今著,那么,他建议读一本今著之后,必须要读一本古书。若还做不到,至少应当是三比一。

---

① C. S. Lewis 批评现代思想界,患有一种"时代势利病"(chronological snobbery):"不加批评地接受我们自己时代共同知识气候,认定大凡过时之物便不再可信。"(C. S. Lewis, *Surprised by Joy*, London: HarperCollins, p. 241)简言之,即认为观念越新,就越真实。现代思潮及现代艺术之快速更迭,风潮一阵接一阵,即是明证。

对于书,路易斯之所以厚古薄今,并非因为古人定比今人高明,而是因为每一时代都有其独特识见,故而古书可正今人之失。他说:

> 每一时代有其识见(outlook)。它善于看到特定真理,亦易于犯特定错误。因此,我们所有人,都需要那些可以纠正我们自身时代标志性错误的书籍。这意味着古书。在一定程度上,所有当代作家都共享当代识见——即便是那些像我一样与之敌对的人,也不例外。阅读往古书籍,最震撼我的莫过于这一事实,即许多事争论双方许多视为理所当然,我们则绝对否认。他们以为针锋相对,然而事实上,他们在一大堆共同假定上却始终团结一致——彼此团结一致,对立于先前及后来时代。我们可以确定,20世纪特有盲点(characteristic blindness)正在于我们从未置疑之处。[1]

---

[1] C. S. Lewis, *God in the Dock: Essays on Theology and Ethics*. ed. Walter Hooper, p. 202.

套用基督教术语来说,阅读古书,可以防止现代人自以为义,防止现代人以己见为天理。用艾伦·布鲁姆(Allan Bloom)的话来说,假如忘掉古人,思想"就会成为现代观念的俘虏"①。

六 算是结语

《人之废》这本小书想要提醒我们的就是,沦为一些现代观念的俘虏之后,我们最终会面临一个什么结果。这些现代观念包括,价值主观论、意识形态论和人征服自然,还包括"重估一切价值"、进步论、新民、启蒙规划、本能伦理、实用伦理等等。概述本书内容,无疑是喧宾夺主。读者诸君与其读蹩脚复述,不如直接阅读路易斯,即便我的复述没有走样。

啰里啰嗦写这么一篇导言,只不过是因为,译者窃以为中国学者似乎对古人念兹在兹的"道",已经十分陌生。陌生的一个标志就是,读到《文心雕龙·原道篇》,即便是专门

---

① [美]布鲁姆:《纪念施特劳斯》,《巨人与侏儒:布鲁姆文集》(增订版),张辉选编,北京:华夏出版社,2007,第7页。

治古典学的学者,十有八九都会问,刘勰所谓的"道"到底是儒家之道、道家之道还是佛家之道;读到古哲人论"天",总会习惯性地问,这个"天"到底是自然之天、运命之天、人格之天还是公义之天。

换用本导言的术语来说,译者真真有些怀疑,在这些知识人心目中,天道和意识形态可能没有多大区别。至少就学者喜欢在"天道"前面加上中国两字,并进而大谈中国文化如何如何西方文化如何如何来说,天道实际已经沦为意识形态或中国文化或东方神韵了。

古罗马哲人爱比克泰德说:

> 关于神,有些人说,神是不存在的;有些人说,神是存在的,但它是不动的、冷漠的,而且什么都不关心;还有第三种说法,神是存在的,而且关心这个世界,只是他关心的都是天上的大事,对于地下的事它是不关心的;第四种说法是,神对天上和地下的事都是关心的,但它只对世界进行整体上的关照,而并不对每个具体的事情都要照应到。第五种说法是,"我的任何行动,都不会逃过您的眼睛。"奥德修斯和苏

格拉底就属于这一类。①

把这段话里的"神"字,换成"天道",然后反观《人之废》,我们似乎至少可以说路易斯属于第五种,而绝大多数"搞"古典研究或斤斤于中西文化之争的学者不是。

说得直白一点,当我们看到路易斯在《人之废》里"卫道"之时,我们最好别问他要"卫"的道,到底是哪门子"道",是东方之道还是西方之道。假如我们如此问,那说明我们根本不知"道"。我们只是想谈论"道","道"仍然在我们身外,充其量只是我们关心的一个话题(subject)。

而路易斯告诫我们说,我们只有"体"道,方能"知"道。不"知"道者,是否有资格对"道"评头论足指东说西,路易斯保持怀疑。

这不是刻薄,而是严"道"与意识形态之别。

这一区别,也许是我们阅读路易斯及其《人之废》的一

---

① 《爱比克泰德论说集》,王文华译,北京:商务印书馆,2009,第74—75页。

个关节点。至少是私自体贴的一个关节点。可能不对,敬请同仁指正。

邓军海

2014年7月4日

于津西小镇楼外楼

译文说明

1. 凡关键词,竭力统一译名;无其奈间一词两译,则附注说明。无关宏旨之概念,酌情意译;

2. 凡关键字句,均附英文原文,一则方便对勘,二则有夹注之效;

3. 凡路易斯所称引之著作,倘有中文译本,一般不再妄译;

4. 严几道先生尝言,迻译西文,当求信达雅。三者若不可兼得,取舍亦依此次第,先信,次达,再次雅;

5. 路易斯之文字,言近而旨远,本科生即能读通,专家

教授未必读透。拙译以本科生能读通为60分标准,以专家教授有动于心为80分标准;

6. 为疏通文意,亦为彰显路易斯之言近旨远,拙译在力所能及之处,添加译者附注。附注一则可省却读者翻检之劳,二则庶几可激发读者思考;

7. 凡译者附注,大致可分为四类:一为解释专名,一为疏解典故,一为拙译说明,一为互证对参。凡涉及专名之译注,均先查考《不列颠百科全书》(中国大百科全书出版社,1999)。不见于百科全书,则主要根据"维基百科";

8. 凡路易斯原注,均加【原注】之类字符予以说明。凡未加此类说明之脚注,均系译注;

9. 为方便阅读,拙译在每段段首,都添加【§1. 开场。P1】之类字符。标示原文段落,段落大意及原书页码。段落大意系译者管见,仅供读者诸君参考;至于原文段落及页码,只是为了方便诸君查考原文,以斧正拙译;

10. 老一辈翻译家迻译西文,大量作注,并添加大意之类文字,颇有"导读"之效。拙译有心效法。倘若拙译之效法,颇类东施效颦,意在"导读"反成误导,则罪不在西施,罪在东施;

11. 本书翻译，查考 http://www.lewisiana.nl/abolquotes/中的 Quotations and Allusions in C. S. Lewis, *The Abolition of Man*(《路易斯〈人之废〉之引文与典故》)

12. 路易斯之书，好读难懂，更是难译。凡拙译不妥以至错讹之处，敬请诸君指正。不敢妄称懂路易斯，但的确爱路易斯。故而，诸君斧正译文，乃是对译者之最大肯定。专用电邮：cslewis2014@163.com

1
无胸之人
Mem Without Chest

> 希律杀令一出，
>
> 举国稚童殒命。
>
> ——传统颂歌①

【§1. 开场。P1】我怀疑，关于教科书之重要，我们是否给予足够的注意。我选一本高级中学英国语文课本

---

① 原文为 So he sent the word to slay / So he sent the word to slay。引自圣诞颂歌《有一婴孩为我们而诞生》(*Unto us is Born a Son*)，原是一首拉丁文清唱歌曲，赞美耶稣基督之诞生。该颂歌暂未找到中译文，系译者妄译。

开始这一系列讲演,其原因就在于此。我并不认为两位作者居心不良。他们,或者说出版商,赠书给我,我应感谢他们的美意。然而,我对他们没有好话可说。真是抱歉。我并不想嘲笑两位中规中矩的一线教师,他们竭尽所知勉力从事;但是,一想到他们所作所为的实际倾向,我就无法保持沉默。故此,我隐去其姓名。姑且称之为盖乌斯和提图斯,他们的书,姑且称为《绿皮书》(*The Green Book*)①。但我保证,的确有这样一本书,就在我书架上。

【§2. 主观论:美在心而不在物。P2—3】此书第二章,盖乌斯和提图斯征引柯勒律治②关于瀑布的典故。你知道,那时有两位游客在场。一位说瀑布"崇高"(sublime)③,一位说瀑布"漂亮"(pretty)。柯勒律治首肯前一判

---

① 据 Arend Smilde 查考,此书名为《驾驭语言:对阅读与写作的批判考察》(*The Control of Language: A Critical Approach to Reading and Writing*),作者是 Alex King 和 Martin Ketley,出版于 1939 年。Gaius(盖乌斯)和 Titius(提图斯),在拉丁文经典中,通常是标准的虚构人名。

② 萨缪尔·柯勒律治(Samuel Taylor Coleridge, 1772—1834),英国诗人,哲学家。

③ sublime 通译"崇高",亦译为"壮美"。在 18 世纪的自然美学中,sublime 与 beauty(优美)和 picturesque(如画)鼎足而立,是三个最为主要的审美范畴。拙译取通用译法。

断而否弃后者。① 盖乌斯和提图斯评论如下:

　　当那人说这崇高(this is sublime),看似谈瀑

---

① 柯勒律治的瀑布典故,出自华兹华斯之妹多萝西·华兹华斯(Dorothy Wordsworth)出版于1874年的 *Recollections of a Tour in Scotland, A.D. 1803* 一书。2011年云南人民出版社出版该书中译本,名为《苏格兰旅游回忆》,译者倪庆饩。

1803年,华兹华斯兄妹与柯勒律治(下引译文中的"柯尔立奇"即柯勒律治),一行三人赴苏格兰旅行。在科拉瀑布边,柯勒律治与陌生游客有番对谈:

一位先生和一位女士以及一批更为来去匆匆的观光客来到这里……柯永远是一个脾气好到十分,跟旅途上遇到的任何人都可以交谈的人,他开始跟这位先生议论,后者说这是一个"雄伟的瀑布"(a majestic waterfall)。柯尔立奇对这个修饰语的准确性挺高兴,尤其是在他心中一直考虑确定堂皇(grand)、雄伟(majestic)、崇高(sublime)等词的精确意义的时候,他曾经在前一天长时间跟威廉探讨这一问题。"对,先生",柯尔立奇说,"这是一个雄伟的瀑布。""崇高而美丽,"(Sublime and beautiful)他的朋友回答。可怜的柯无言以对,在不想继续讨论下去后,来到我们身边,讲述这个故事,开怀大笑。(中译本第34页,多萝茜1803年8月21日之记录,其中英文系本译者增入。)

在这段故事里,无人称此瀑布"漂亮"(pretty),柯勒律治亦无裁夺。由于《绿皮书》是为中学生撰写的,故而此书作者将原故事加以改编。

柯勒律治之所以对"崇高而美丽"(sublime and beautiful)一语感到无言以对,他们一行三人之所以对此开怀大笑,其原因就在于,他们对伯克(Edmund Burke)《关于崇高和美的观念的起源的哲学探索》(1756)耳熟能详,其中,美与崇高这两个概念截然相反:

说实在的,恐怖在一切情况中或公开或隐蔽地总是崇高的主导原则。(第二章第二节"恐怖")

我所说的美是指物体中的那种性质或那些性质,用其产生爱或某种类似爱的情感。(第三章第一节"美")

以上引文均出自李善庆译《崇高与美:伯克美学论文选》(上海三联书店,1990)。

布……但实际上……他并未谈瀑布,而是谈自身感情。他之所说,实际上是,我心中有若许与"崇高"相联的感情。概言之,我心怀崇高感情(*I have sublime feelings*)。

在此,有许多深层问题,被作者草草了事。然而,作者依然没完。他们接着说:"这种混淆(confusion),在语言运用中常常出现。我们看似在说关于事物的(about something)特别重要之处,然而实际上我们只不过在谈我们的自身感情(about our own feelings)。"①

【§3. 主观论的语言混淆。P3—4】在考虑这一关键段落(你还记得这是为"中学"编纂的)所提出的问题之前,我们必须澄清盖乌斯和提图斯所陷入的一个混淆。即便按照他们自己的看法——按照任何可想而知的观点——那个说"这崇高"(This is sublime)的人,也并不意味着"我心怀崇高感情"(I have sublime feelings)。即便我们承认崇高之类品质(qualities)仅仅只是我们自身情感的投射,那么,促

---

① 【原注1】《绿皮书》,第19,20页。

动这一投射的那种情感也是与此类品质相应甚至相反的情感。促动一个人称一对象崇高的那种情感,并非崇高感(sublime feelings),而是崇敬感(feeling of veneration)。假如硬要把"这崇高"(*This is sublime*)还原为关于说者感情的陈述,那么,正确翻译应当是"我有卑微感"(*I have humble feelings*)。假如盖乌斯和提图斯之观点始终一贯,那么,将会导致明显谬误。它将迫使他们坚持认为,我说"你卑鄙"(*you are contemptible*)意思就是"我心怀卑鄙感情"(*I have contemptible feeling*):"你感情卑鄙"(*Your feelings are contemptible*)事实上就变成了"我感情卑鄙"(*My feelings are contemptible*)。然而我们不必在此"笨人桥"①上滞留过久。在明显的一时疏漏上大做文章,对盖乌斯和提图斯也不公平。②

---

① 原文为拉丁文 *pons asinorum*。*pons* 的意思是"桥",*asinorum* 是"驴子,笨人"的复数属格。拉丁文 *pons asinorum* 直译就是"笨人桥"(bridge of fools)。欧几里得《几何原理》里的第五命题因其难证,而得此绰号。喻指那种对新手形成严峻考验的问题。
② 路易斯所引《绿皮书》里的这一说法,并非二位作者之发明,而是现代以来颇为流行的结论,尤其是在上世纪三四十年代。这一说法,哲学上名为主观论(subjectivism),即所有价值,都关乎个人感情,而非关乎客观事物。
(转下页注)

【§4. 主观论拆穿客观价值。P4—5】中学生读了《绿皮书》中的这一段,将会相信这样两个命题:其一,所有包含价值谓词(predicate of value)的陈述句,都是关于言说者情感状态(the emotional state)的陈述;其二,因而这样的陈述都不重要。的确,提图斯和盖乌斯没有对此大书特书。他们仅仅把一个特定价值谓词(崇高),看成是言说者情感的描述词。同等待遇引申到所有价值谓词,就成了学生自己的事情:学生作此引申之时,一路畅通无阻。作者或许期望

(接上页注)

就美学而论,主观论将美的本质界定为人的快感(pleasure),认为我们所谓的美,其实是快感的投射(projection)。比如休谟(David Hume)就明确地说:"快乐和痛苦不但是美和丑的必然伴随物,而且还构成它们的本质。"([英]休谟:《人性论》,关文运译,北京:商务印书馆,1997,第334页)更为简洁的则是美国哲学家桑塔耶纳(George Santayana)对美的定义:"美是客观化了的快感。"([美]乔治·桑塔耶纳:《美感》,缪灵珠译,北京:中国社会科学出版社,1982,第35页)至于维特根斯坦领军的分析哲学,则认为我们所谓的"美",究其实只不过是个感叹词:"如果我不说'这是优美的',只说'啊!',并露出微笑,或者只摸摸我的肚子,这又有什么两样呢?"([英]维特根斯坦:《美学讲演》,蒋孔阳主编:《二十世纪西方美学名著选》下卷,上海:复旦大学出版社,1987,第83页)

价值主观论对人类道德的威胁,罗素说得很清楚:"尽管我不知道如何去拒斥对于伦理价值主观性的论证,但我发现自己不能相信,荒淫残暴的所有错处就是我不喜爱它。"(Russell, "Notes on Philosophy, January 1960", *Philosophy* 35 [1960]: 146—147)路易斯之所以说,"对盖乌斯和提图斯也不公平",其原因就在于,他们只是道听途说而已。

或许不期望有此引申：他们很有可能终其一生，对此问题所作的严肃思考，从来没有超过五分钟。我并不关注他们期望什么，我只是关注他们的课本将对学生心灵产生的影响。同样，他们也没有说所有价值判断都不重要。他们的用词是，我们"看似（*appear*）在说特别重要之事"，而实际上我们"只不过（*only*）在谈我们自身感情"。没有学生能够抵抗"只不过"一词给他所带来的暗示（suggestion）。我当然并不是说，他会从课本中做出自觉推论，推出所有价值都既主观（subjective）又琐屑（trivial）这类普遍而论的哲学理论。盖乌斯和提图斯的影响力恰恰在于这一事实，他们仅仅面对小孩：这个孩子认为他在"修"他的"英文预科"，根本没有意识到伦理学、神学以及政治学正受威胁。他置入心灵的不是一个理论（theory），而是一个预设（assumption）。十年之后，这一预设之源头早已淡忘，却浮现于无意识。这样，就在他根本没有认识到尚存争议之时，就在争议中占据一个立场。我怀疑，两位作者根本不知自己对孩子都做了什么，而且孩子也不可能知道两位给他做了什么。①

---

① 深层心理学的一大洞见就是，决定人们行止的并非意识，而是无意识。

【§5. 拆穿家与文学教育。P6】考察盖乌斯和提图斯价值论立场的哲学可信度之前,我更喜欢揭示其对教育方案(educational procedure)的实际后果。他们所写的第四章,在引用了一则愚蠢的海上游览广告之后,就着手培养其学生抵制广告这一写作类型。① 这则广告告诉我们,买了游览票,将"步德文郡的德雷克②之航程横穿西大洋","为印度宝藏而冒险",满载"黄金假日"和"灿烂阳光"之"宝藏"而归。当然,这是一段极其拙劣的文字。造访令人生历史或传说之幽思的地方,人会有敬畏与快乐之感,这段文字故作伤情地利用此感情以牟利。假如盖乌斯和提图斯坚持不懈,(正如他们所承诺)教其读者英文写作艺术,那么,他们的分内之事就是,比对这则广告与那些表达此种情感的大家手笔,而后揭示其差别何在。

【§6. 文学教育,无需拆穿。P7】他们蛮可以援引约

---

① 【原注 2】《绿皮书》第 53 页。
② 弗朗西斯·德雷克(Francis Drake,约 1540—1596),出生于英格兰德文郡,英国历史上著名探险家与海盗。德雷克出身贫苦,从学徒干到水手,最后成为商船船长。据说,他是麦哲伦之后第二位完成环球航海的探险家,是第一位完成环球航行的英国海员。南美洲南端的德雷克海峡即因他而得名。

翰逊①的《苏格兰西部群岛旅行记》中的著名段落,其结尾写道:"这些哲人,如果他们的爱国主义不能在马拉松的平原得到力量,他们的虔诚不能在英诺区的废墟中变得温暖人心,他们是不会受到敬佩的。"②他们也可以在此援引华

---

① 塞缪尔·约翰逊(Samuel Johnson,1709—1784,一译约翰生),常称为约翰逊博士(Dr. Johnson),英国历史上最有名的文人之一,集文评家、诗人、散文家、传记家于一身。前半生名不见经传。他花九年时间独力编纂《约翰逊字典》,为他赢得文名及"博士"头衔。鲍斯威尔之《约翰逊传》记录了他后半生的言行,使他成为家喻户晓的人物。(参维基中文百科)其《苏格兰西部群岛旅行记》之中译本,收入《惊世之旅:苏格兰高地旅行记》一书。

② 【原注3】*Journey to the Western Islands* (Samuel Johnson)
【译注】原文是 That man is little to be envied, whose patriotism would not gain force upon the plain of Marathon, or whose piety would not grow warmer among the ruins of Iona. 语出《苏格兰西部群岛旅行记》。1773年,64岁的约翰逊与33岁的鲍斯威尔,二人结伴在苏格兰高地徒步旅行,历时3月,以"了解当地人的风土人情和生活方式"。日后,二人分别写了《苏格兰西部群岛旅行记》(约翰逊,1775)与《斯步里底群岛旅行日记》(鲍斯威尔,1785)。这两部著作成为经典游记,为后人留下关于苏格兰高地的历史记录。他们二人之足迹,则成了后世学者热衷追踪的高地之行。此二部游记之中译本,2011年由国际文化出版公司以《惊世之旅:苏格兰高地旅行记》为题合订出版,译者蔡田明。路易斯所说的那一段落,全文如下:
我们现在踏上这个光辉的岛屿,它曾是古苏格兰地区一个博学的地方。野蛮的部落和流浪的无知者从这里得到知识的益处和宗教的护佑。如果尽力去做,要把我们的思想从所有当地人的情绪中转移出来,这是不可能的;如果有这种可能,也是愚蠢的。无论我们怎么不再思考现在,无论我们怎么让过去、遥远和未来支配目前,这里都能使我们在思想上有所收获。我和我的朋友远离那些冷酷的哲学,因为它会使我们对那些体现智慧,勇敢和美德尊严的任何地区变得冷漠无情。这些哲人如果他们的爱国主义不能在马拉松的平原得到力量,他们的虔诚不能在英诺区的废墟中变得温暖人心,他们是不会受到敬佩的。(蔡田明中译本,第108页)

兹华斯《序曲》,伦敦之古老如何震撼诗人心灵:"重负与力量,力量因重负而生。"①一篇比照这类文学与广告、并真正考其优劣的课文,就是一篇值得去教的课文。其中必定含有一定的血液和生命汁液(blood and sap)——知识之树与生命之树并根而生。② 它也会成为名副其实的文学课:尽管盖乌斯和提图斯以这一课程为业,但却奇怪地羞于出口。

【§7. 拆穿家毁掉文学教育。P7—8】他们实际所做的是去指出,那豪华游轮并非真的会走德雷克之航线,游客们也不会有任何历险,他们带回家的宝藏仅仅是个比方,到马盖特③去一趟就可以得到他们所要的"全部快乐及休憩"。④ 所有这些都一点没错:天分低于盖乌斯和提图斯的人,也足以发现它。他们没有注意或并不在意,同样的对待方法,也会被应用于那些处理同样情感的上乘文学。从纯

---

① 【原注 4】*The Prelude*, viii, ll. 549—559.
【译注】华兹华斯(William Wordsworth, 1770—1850),英国诗人。自传体长诗《序曲》(*The Prelude*)乃其代表作。因此诗暂无中译本,故不揣冒昧而妄译。原文为:Weight and power, Power growing under weight.
② 典出《创世记》二章 9 节:园子当中又有生命树和分别善恶的树。
③ 马盖特(Margate),英国英格兰肯特郡的海港,避暑胜地。
④ 【原注 5】《绿皮书》,第 53—55 页。

粹理性来看,英国早期基督教的历史,何补于18世纪的虔敬追求?为什么华兹华斯先生的小客栈就更惬意,①为什么伦敦空气就因伦敦历史悠久而更宜人?假如还真有一些障碍,可以阻止批评家像《绿皮书》拆穿广告那样去拆穿约翰逊和华兹华斯(以及兰姆②、维吉尔、托马斯·布朗、德拉·梅尔),那么,盖乌斯和提图斯也对他们的中学生读者们发现此障碍一点帮助也没有。

【§8.此等文学教育只教学生世故。P8—9】从这一段落,中学生学不到一点文学。他很快就会学到的而且可

---

① 张璐诗《英格兰湖区:湖畔派诗人的小宇宙》(《广州日报》2011—01—22,B11)一文写道:

1799年威廉·华兹华斯与妹妹多萝西到湖区旅行,路过白墙农舍Dove,过目难忘。Dove农舍在Grasmere镇,以前是客栈,后来一直空着。那年年底华兹华斯租下农舍,与妹妹搬进去了。华兹华斯作诗,多萝西笔记。华兹华斯创作的黄金时期,也就是他住在Dove农舍的时光。30年顶着英国"桂冠诗人"光环的骚塞和柯勒律治也搬入了湖区西北部,骚塞在湖区住了整整40年。"湖畔派诗人"便由此而来。1802年,诗人娶了青梅竹马的玛丽为妻,他们的前三个儿女都在Dove农舍降生。Dove农舍的门口挂着木牌子,上面是华兹华斯1802年吟下的《致蝴蝶》中一句:"停下来/当你困倦时,歇息/就像在无忧殿里。"

② 兰姆(Charles Lamb,1775—1834),英国散文家,文评家,诗人,柯勒律治和华兹华斯之好友。维吉尔(Virgil,公元前70年—公元前19年),罗马诗人,《埃涅阿斯纪》(*Aeneid*)之作者;托马斯·布朗(Thomas Browne,1605—1682),英国医生,作家,以沉思录《一个医生的宗教信仰》(*Religio Medici*)闻名于世;德拉·梅尔(Walter de la Mare,1873—1956),英国诗人,小说家。

能难以忘记的将是这一信念(belief),即任何因浮想联翩而生的情感本身违背理性(contrary to reason),因而不值一哂(contemptible)。他将不会知道,对此等广告保持免疫,有两种途径。广告对两种人都同样无效:一为"过之者",一为"不及者";①一为那些具有真正感受力的人,一为那些除了将大西洋想象为亿万吨冰冷盐水之外就无法可想的"穿裤之猴"(trousered ape)。发表关于爱国与荣誉的虚假社论,对两种人纯属徒劳:一为懦夫,一为知耻且爱国之士。然而关于此,学生丝毫没有听说。相反,他被鼓励着以极其危险的根据去拒绝"西大洋"的诱惑。其根据是,这样做可以证明自己见过世面(knowing fellow),不会轻易上当受骗。盖乌斯和提图斯,没有教给他一丁点文学,却远在他长大成人自会拣择之前,就从他灵魂中彻底铲除了具有某种体验的可能性。这种体验,在比两位作者更有权威的思想家眼中,阔大、有益而且雅致。

---

① 《论语·先进第十一》:子贡问:"师与商也孰贤?"子曰:"师也过,商也不及。"曰:"然则师愈与?"子曰:"过犹不及。"

拙译藉此将 those who are above it 译为"过之者",those who are below it 译为"不及者"。需要说明的是,路易斯在此只是在说,此二类人对广告保持免疫,是"过犹不及",并无德性或违背中道意义上的"过犹不及"之意。

【§9. 文学教育不教文学，教政治。P10—11】不只提图斯和盖乌斯如此。在另一本小书里面，姑且称其作者为奥比留①吧，我也发现，同样在实施全身麻醉之后，做的是同样手术。奥比留选来"拆穿"的是一则写马的愚蠢文字，其中马被誉为澳洲早期殖民者的"忠实仆从"。② 他落入与提图斯和盖乌斯同样的陷阱。他只字未提 Ruksh③和斯莱布尼尔④，阿喀琉斯的哭泣的马⑤，《约伯记》里的战

---

① 据 Arend Smilde 查考，路易斯所说的这本书，名为《英文阅读与写作》(*The Reading and Writing of English*, 1936)，作者 E. G. Biaggini。假借人名 Orbilius，坊间多译为俄尔毕利乌斯，间或译为奥比留。后者音节少，故选后者。

奥比留(Orbilius)乃古罗马语言教师。据贺拉斯说，他因粗暴对待其翻译荷马的学生，而得绰号"带戒尺的奥比留"("Orbilius with the Ferule", *Orbilius Plagosus*)。故而，奥比留在西语界往往令人联想到粗暴教师。而在汉语学界，更为人熟知的则是他的这一断言：望子成龙太迫切的父母亲乃是古罗马学堂里的潜在职业灾害。

② 【原注 6】奥比留的书，第 5 页。

③ Ruksh 是马修·阿诺德的叙事诗《邵莱布和罗斯托》("Sohrab and Rustum", 1853)中，主人公罗斯托的马。它为其主人夫子之命运落泪："and from his dark, compassionate eyes / The big warm tears roll'd down, and caked the sand" (735—736 行)。

④ 斯莱布尼尔(Sleipnir)，日耳曼神话中诸神之父奥丁的八条腿坐骑。

⑤ 希腊英雄阿喀琉斯的两匹马，克珊托斯和巴里奥斯，出现于《伊利亚特》第十六卷 148—154 行："奥托墨冬给他驾起两匹捷速的快马，/克珊托斯和巴里奥斯，快如风驰，/风暴神波达尔革拉当年在环海边的牧地/吃草时为风神泽费罗斯生育了它们。"在第十七卷 426—428 行，描写它们为帕特罗克洛斯哭泣："埃阿科斯的后裔的战马这时站在/远离战涡的地方哭泣，当它们看见/自己的御者被赫克托尔打倒在尘埃里。"(罗念生、王焕生译本，人民文学出版社，1994)

马①,更未提兄弟兔②和彼得兔③,未提人对"弟兄的牛"④古老诚敬,未提人类历史和文学中或温和或辛辣地(noble or piquant)表现出来的对于兽类的所有这类半人待遇。⑤甚至连科学里的动物心理问题,他也不置一词。他满足于解释说,严格说来⑥,马也对殖民扩张没有兴趣。⑦ 学生从

---

① 《约伯记》三十九章19—25节:马的大力是你所赐的吗?它颈项上挓挲的鬃是你给它披上的吗?/是你叫它跳跃像蝗虫吗?它喷气之威使人惊惶。/它在谷中刨地自喜其力;它出去迎接佩带兵器的人。/它嗤笑可怕的事并不惊惶,也不因刀剑退回。/箭袋和发亮的枪,并短枪,在它身上铮铮有声。/它发猛烈的怒气将地吞下,一听角声就不耐站立。/角每发声,它说阿哈;/它从远处闻着战气,又听见军长大发雷声和兵丁呐喊。

② 兄弟兔(Brer Rabbit)是哈里斯(J. C. Harris,约1848—1908)的《雷莫斯大叔》系列故事之主角。动画片《冒险王兄弟兔》即由此书改编。

③ 英国女性作家和插画作家波特(Beatrix Potter,1866—1943)《彼得兔的故事》(*The Tale of Peter Rabbit*)之主角。

④ 典出《申命记》二十章1—2节:你若看见弟兄的牛或羊迷了路,不可佯为不见,总要把它牵回来交给你的弟兄。你的弟兄若离你远,或是你不认识他,就要牵到你家去,留在你那里,等你弟兄来寻找,就还给他。

⑤ 【原注7】奥比留比盖乌斯和提图斯强出很多,他在第19—22页的对对比了写动物的一段好文字和滥文字。然而不幸的是,其第二次征引却揭示,好文字之唯一优势在于事实真理。特殊的文学问题(对于并非"谨遵字面"的表述的运用和误用),却未触及。诚然,奥比留告诉我们(第97页),我们必须"学会区分合法的与不合法的文句(figurative statement)",但他对我们作此区分几无帮助。当然,平心而论,他的书的确与《绿皮书》不在一个层次。

⑥ 原文为拉丁文 *secundum litteram*。意为 Strictly or literally speaking,即严格说来,谨遵字面。

⑦ 【原注8】奥比留的书,第9页。

他那里真正得到的,就是这一信息。他们面前的文章因何而劣,而其他那些也会遭受同样攻击的文章缘何而优,他们没有听到。他们更没有学到,面对此类写作之危险,还有两类人:过之者和不及者。前者真正了解马,真正热爱马,不是带着拟人幻象的爱,而是合宜的爱(ordinate love)①;后者则是不可救药的都市笨蛋(urban blockhead),对他们来说,马仅仅是过时的交通工具。学生将会失去,自己的小马或小狗曾给他们的快乐。他们得到的则是,残酷或冷漠之冲动。世故(knowingness)之乐,将会闯入他们心灵。这就是他们每天的语文课,尽管他们学不到半点英文。人类的又一小部分遗产,在他们长大成人自能了悟之前,就被悄无声息地从身边拿走了。

【§10. 文学教育失职。P11—12】直至目前,我一直假定,盖乌斯和提图斯这类教师,并未真正意识到他们在做什么。而且对于实际会产生的长远后果,他们也并非有意为之。当然,还有另外一种可能性。我所说的"穿裤之猴"和"都市笨蛋"(假设他们在某些传统价值体系里是同路

---

① 暗指奥古斯丁(Augustine)的"正确有序的爱"(*ordo amoris*)和亚里士多德的"ordinate affections",参本章第14段及译者注。

人),可能正是他们真心希望打造的人。我们可能由此分道扬镳。他们或许真的以为,人类关于过去、动物或大瀑布的正常感受,是违背理性,不值一哂,而且应当被铲除。他们或许想把传统价值一扫而光,代之以一套新的。这种立场我们留待后面讨论。① 假如它就是盖乌斯和提图斯所持立场,那么就当前而言,我只要指出这是一种哲学立场而非文学立场,就足够了。充斥此类哲学立场的课本,对不住购买课本的家长或校长。他们本指望专业语法学家之作,谁承想竟是业余哲学家之作。假如儿子去看牙医,牙医根本没碰牙,却给儿子头脑塞满了牙医关于金银二本位制和培根理论的种种道听途说,那么,家长定会恼怒。

【§11. 文学教育失职,原因有三。P12—13】然而,盖乌斯和提图斯是否就是打着教授英文的幌子,有预谋地去宣传他们的哲学,我则保持怀疑。我想,他们只是因下列原因落入窠臼而已。首先,文学批评很难,而他们实际所为却过于草率。假如不对情感本身做丐题式攻击,②那么,去解

---

① 见本书第二章。
② 丐题(question-begging,又译为"乞求论题")是一种典型的逻辑谬误,就是"在证明论题的努力中,却又假定了所要寻求证明的(转下页注)

释对一些人类基本情感的粗劣处理之所以是粗劣文学,则是一项艰巨任务。即便是瑞恰慈博士,他第一个触及文学中粗劣(badness in literature)这一问题,①也在我看来,没

(接上页注)论题"([美]柯匹、科恩:《逻辑学导论》第11版,张建军等译,中国人民大学出版社,2007,第184页)。简言之,就是先假定命题X为真,后证明X为真。

该谬误之拉丁名是 *Petitio Principii*,意为 "request for the source"。其表现形式有,"遗漏大前提","同语反复"和"循环论证"。比如,"谋杀是反道义的行为。既然如此,那么堕胎也是违反道义的行为",这一论证就是典型的丐题谬误,因为它遗漏了大前提"堕胎是谋杀"。或者说假定这一大前提为真,然而,它恰好是需要论证的。再如,"毫无疑问,人和类人猿是从共同祖先进化而来的。你看他们多么相像"。这一论则假定了有待证明的大前提:"长相相似即来自同一祖先"。(详参[美]赫尔利:《简明逻辑学导论》第10版,陈波 等译,世界图书出版公司,2010,第114—117页)

① 艾·阿·瑞恰慈(Ivor Armstrong Richards,1893—1979),英国语言学家和文学批评家。其著作有《意义的意义》(*The Meaning of Meaning*,1923),《文学批评原理》(*Principles of Literary Criticism*,1924),《科学与诗》(*Science and Poetry*,1925),《实用批评》(*Practical Criticism*,1929)以及《如何阅读》(*How to Read a Page*,1942)。本书中的许多观点,针对的正是瑞恰慈的《文学批评原理》。

瑞恰慈企图将文学批评建立在科学基础上,企图以心理冲动和欲念为基石,为文学之好坏提供理论依据。他认为,人心中的欲念或冲动相互冲突,混乱不堪。要想消除因欲念冲突而导致的心理混乱,让人心恢复秩序,有两条路。一条是排斥之路,去消灭对立冲动;一条是包容之路,去组织对立冲动:"通过排斥和通过包括,通过综合和通过消除……一类是通过缩小反应而获得稳定性和条理性的经验,一类是通过拓宽反应而获得稳定性和条理性的经验。"(杨自伍译《文学批评原理》,百花洲文艺出版社,1997,第226页)

这两条路里,好的当然是包容之路。于是,瑞恰慈得出了一个关于好坏的标准:"凡是能满足一个欲念而同时又不挫伤某种相等或(转下页注)

有完成这一任务。根据一种粗浅的理性主义,去"拆穿"(debunk)这些情感,几乎在任何人的能力范围之内。其二,我想盖乌斯和提图斯实实在在地误解了当前教育的迫切需要。他们看到,整个周围世界都被煽情宣传所左右——他们从传统中得知,年轻人多情(sentimental)——于是得出结论,他们所能做的最好的事情就是,把年轻人的心灵变得强硬以抵制情感。我自己的教师生涯讲述的却是一个相反的故事。每有一个学生需要谨防多愁善感,就必定有三个学生需要从其麻木不仁唤醒。① 所以现代教育者的任务不是去砍伐森林,而是去灌溉沙漠。真

(接上页注)更加重要的欲念的东西都是有价值的"(同上,第40页)。至于文学作品的好坏,也是依此标准。好的文学就是让对立冲动并行不悖而又秩序井然的文学:

> 对立冲动的均衡状态,我们猜测这是最有价值的审美反应的根本基础……我们不再被定位于一个明确的方向;心灵更多的侧面暴露出来了,而且可谓相同的是,事物更多的方面能够感染我们。心灵作出反应,不是通过兴趣单一的狭隘渠道,而是同步且又连贯地通过诸多渠道……(同上,第228页)

瑞恰慈为什么那么重视"反讽",就是因为坏诗经不住"讽刺的观照"(ironical contemplation),而好诗则经得住。后来之新批评,之所以重视文本之"张力"、"复义"、"含混",与瑞恰慈所看重的"对立冲动的均衡状态",或许相关。

① 拙译中"多愁善感"与"麻木不仁"乃意译。前者对应原文为 a weak excess of sensibility,后者之原文为 the slumber of cold vulgarity。

正抵御虚妄情操(false sentiments),是去苦心培植正当情操(just sentiments)。① 让学生的感受力(sensibility)濒临饿死,只会使他们在宣传家到来之时,更容易被猎获。因为,受饿的本性(famished nature)会追讨反弹,铁石心肠(hard heart)并非抵御心中无主(soft head)的万无一失的堡垒。

【§12. 失职原因之三:拆穿家想破旧立新。P14】盖乌斯和提图斯之所以采取这一教育方案,其第三个原因则更为深刻。他们可能满心承认,好的教育应当树立某些情操,同时摧毁其他情操。他们可能为此竭尽全力。但是他们不可能成功。让他们放手去做,最终能做到的是其工作的"拆穿"的那一面,而且仅仅是那一面。为了清楚把握这

---

① sentiment 作为伦理学关键词,尤指道德感情,汉语界一般译为"情操"。如亚当·斯密的名著 *The Theory of Moral Sentiments*,汉译《道德情操论》。拙译亦译为"情操",一则是依通例,二则是以与 feeling(拙译感情或感受)与 emotion(拙译情感)相分别。

sentiment 成为伦理学关键词,与伦理学中的"情感主义"(sentimentalism)思潮有关。《牛津哲学词典》(上海外语教育出版社,2000)解释作为道德理论的 sentimentalism 说:"尤其与夏夫兹博里、哈奇森及休谟联在一起的道德理论立场,将伦理学建基于同情之类情感之上。与它尤其形成对立的是,认为伦理学乃理性或启示之判决的观点。"这一情感主义,恰好是路易斯此书之论题。

—必然性,我必须偏离本题一会,看看盖乌斯和提图斯的教育困境与其前人有何不同。

【§13. 古人之客观论。P14—15】在相当晚近的现代之前,所有教师乃至所有人都相信,对于宇宙,我们的某些特定的情感应答(reactions),要么与之协调,要么与之不协调——究其实就是相信,客体不只是接受(receive),而且也值得(merit)我们的认可或非难,崇敬或鄙夷。柯勒律治之所以赞同说瀑布崇高、不赞同说瀑布"漂亮",当然是因为他相信,即便是对于无生之物,某些特定的应答终比其他应答更"公正"(just)或"正当"(ordinate)或"合宜"(appropriate)。他(正确地)相信,游客也会这样想。说瀑布"崇高"的那个人,并非仅想陈述自己对于它的情感:他同时也在声言,该客体值得他的这些情感。然而,对于如下声言,就无所谓同意与否了。假如"这漂亮"这些词仅仅描述那位太太的感受,那么,对之表示不同意就荒诞不经:假如她说"我感到不舒服",柯勒律治绝不会回答"不,我感觉挺好"。基于同一信念,雪莱曾将人类感受力(human sensibility)比作埃奥利亚竖琴,进而指出,二者的不同之处在于,感受力有一种"内在的协调"能力,借此

"能使它的琴弦适应弹奏的动作"。① 托马斯·特拉赫恩② 问道:"倘若你不能公正地将事物该得的敬重归给它,你还算得上是个公义之人么?万物都是为你而造的,而你之被造是为了按着它们的价值去珍惜它们。"③

【§14. 客观论与教育。P16—17】圣奥古斯丁把德性(virtue)界定为"正确有序的爱"(ordo amoris)④,亦即感情的正当约制(the ordinate condition of the affections)。依此约制,每一客体都对应于适合它的那种程

---

① 【原注9】《为诗辩护》(Defence of Poetry)。
【译注】雪莱《为诗辩护》:"人是一个工具,一连串外来的和内在的印象掠过它,有如一阵阵不断变化的风,掠过埃奥利亚的竖琴(Aeolian lyre),吹动琴弦,奏出不断变化的曲调。然而,在人性中,甚或在一切有感觉的生物的本性中,却另有一个原则,它的作用就不像风吹竖琴那样了,它不仅产生曲调,还产生和音,凭借一种内在的协调(internal adjustment),使得那被感发的声音或动作与感发它的印象相适应。这正如竖琴能使它的琴弦适应弹奏的动作,而发出一定长度的印象,又如歌者能使他的歌喉适应琴声。"(见《西方文艺理论名著选编》中册,伍蠡甫、胡经之主编,北京大学出版社,1986,第67—68页)

② 托马斯·特拉赫恩(Thomas Traherne, 1637—1674),英国玄奥的散文作家、诗人及神学家。其著作《百思录》(Centuries of Meditations),直至1908年才付梓出版。书名中的century一词,并非世纪之意,而是100之意。

③ 【原注10】Centuries of Meditations, i, 12.

④ 拉丁文 ordo amoris,意为 Rightly ordered love; a love characterized by balance and right proportion.

度的爱。① 亚里士多德说,教育之目的在于教会学生爱其所当爱,恶其所当恶。② 这样,到了反思年龄,那些在"正当爱感"(ordinate affections)或"公正情操"(just sentiments)方面训练有素的学生,就能很容易找到伦理学里的首要原理(the first principles);对败坏之人来说,这些首要原理对他永远隐而不现,他也就不可能在这门学问上有何长进。③

---

① 【原注 11】《上帝之城》卷十五第 22 章,参见卷九第 5 章及卷十一第 28 章。
【译注】王晓朝译《上帝之城》(人民出版社,2006)第十五卷 22 章:"我们哪怕是在爱那些值得我们爱的事物,也必须遵守正确的秩序,使我们的美德能使我们良好地生活。因此在我看来,美德最简洁、最正确的定义就是'正确有序的爱'。"

② 【原注 12】《尼各马可伦理学》1104b。
【译注】廖申白译注《尼各马可伦理学》(商务印书馆,2003)1104b:"道德德性与快乐和痛苦相关。首先,快乐使得我们去做卑贱的事,痛苦使得我们逃避做高尚[高贵]的事。所以,柏拉图说,重要的是从小培养起对该快乐的事物的快乐感情和对该痛苦的事物的痛苦感情,正确的教育就是这样。"

③ 【原注 13】《尼各马可伦理学》1095b。
【译注】廖申白译注《尼各马可伦理学》(商务印书馆,2003)1095b:
我们当然应当从已知的东西出发。但已知的东西是在两种意义上已知的:一是对我们自己而言的,二是就其自身而言的。也许我们应当从对我们而言是已知的东西出发。所以,希望自己有能力学习高尚[高贵]与公正即学习政治学的人,必须有一个良好的道德品性。因为,一个人对一件事情的感觉本身就是一个始点。如果它对于一个人是足够明白的,他就不需再问为什么。而受过良好教育的人就已经具有或是很容易获得这些始点。至于那些既不具有,也没有能力获得这些始点的人,他们应当听一听赫西俄德的诗句:自己有头脑最好,/肯听别人的劝告也不错,/那些既无头脑又不肯听从的人 / 是最低等的人。

之前,柏拉图也同样说过,人类这种动物幼小之时,一开始并无正确的应答。必须有人训练他,使其乐真正可乐之事,爱可爱之事,恶可恶之事,恨可恨之事。① 在《理想国》中,受过良好教育的青年就是这样:

> 当某些东西有缺陷,当它们没有被人制造好,或本身没有生长好,一个在这方面受过教育的人会非常敏锐

---

① 【原注14】《法篇》,653.

【译注】 柏拉图《法篇》653:"因此我想说,婴儿最先获得的是关于痛苦和快乐的知识,灵魂首先在这个地方获得美德或邪恶。因为一个人若是获得智慧和确定的真实信念,哪怕是在他老年时期获得的,也可以说他是非常幸运的,而且在各种情况下,拥有智慧和真实信念的人同时也能得到与智慧和真实信念相伴的幸福,使人生状态圆满。因此,所谓教育,我指的是善的获取,它的最初形式就是儿童所获得的那个样子。事实上,如果快乐以及与快乐相似的东西,痛苦以及与痛苦相似的东西,在达到获得理智的年龄之前就已经在灵魂中形成,那么等这个年纪一到,由于早年在习惯方面接受的约束是适当的,这些感觉就会与理智一致,这种一致作为一个整体就是美德。但若你考虑到其中的一个因素,即对快乐和痛苦的状态进行正确的约束,使人从一开始就厌恶他应当厌恶的东西,爱好他应当爱好的东西——如果你把这个因素分离出来,并称之为教育,那么你就做对了。"(《柏拉图全集》第三卷,王晓朝译,人民出版社,2003)

贾谊《新书·保傅》亦有相通之论:"故太子初生而见正事,闻正言,行正道,左右前后皆正人也。习与正人居之,不能无正也,犹生长于楚,不能不楚言也。故择其所嗜,必先受业,乃得尝之;择其所乐,必先有习,乃能为之。孔子曰:'少成若天性,习贯若自然。'是殷周之所以长有道也。"(《新书校注》,阎振益、钟夏校注,中华书局,2000,第184页)

地注意到这一点,并且因为他自然地厌恶这些,他一方面会赞扬优秀的事物,欢迎它们,并把它们接入灵魂,从它们那里汲取养料,使自己成为优秀、高尚的人,另一方面,他会自然地讨厌和憎恨丑恶的东西,甚至当他还年轻,还不能理解其中的道理,然而,当道理一旦到达,他凭内心联系就会立刻认出它,并且会格外地欢迎它。①

在早期印度教中,那些善人之举止,顺应甚至参与梨多(Rta)②——显现于宇宙秩序、道德德性及寺庙仪式

---

① 【原注 15】《理想国》402a.
【译注】王扬译注《理想国》(华夏出版社,2012)402a。另有吴献书先生之文言译文,颇具韵味,兹抄之于此,以供参检:"余固谓音乐上之训练,较他种为重要。外观之美。音韵之和,能深印于儿童之心。其所印入为善,则其将来发表于外者亦善;所印入者为恶,则其发表于外者亦恶。凡于音乐上得良好之学问者,则其辨别美恶,仿佛出于天性。各种制造品之缺点与劣点,莫能逃其鉴别,而意且撼之恶之。物之佳者,则爱玩摩挲,而乐受其益。当其少时,好善恶恶,已若纯任自然,而无待于抉择。及既壮,则思想力已发达,欲明其好善恶恶之所以然,则皎然若指诸掌矣。"(《理想国》,吴献书译,上海三联书店,2009,第 79 页)

② Rta 一词颇难翻译。黄心川《印度哲学史》(商务印书馆,1989)里这段话可帮助我们理解:"在《梨俱吠陀》的不少赞歌中可以看出当时的诗人们已经在众多的现象中力求找出它们的统一根源。他们把这种根源概括为'理法'(rta)、'实在'(sat)、'梵'(brahman)或者'造物主'(dhatr)、'能生者'(janitr)等等。……梨多(理法,rta)一字在吠陀中有着法则、秩序、正义、真理等不同的含义,一般解释为'宇宙理法'。在吠陀诗人看来,世界上的任何现象都是受制于一种永恒的、无所不在的抽象原理,即'宇宙理法'。人们只有依靠它、服从它,才能获得自然界的恩施、生命的力量以及生活的满足。"(第 46—47 页)。

之中的自然或超自然之"文"或"理"①。义(righteousness)、则(correctness)、序(order)、梨多(*Rta*)常常等同于实谛(*satya*)或真理(truth),符合真实。恰如柏拉图说至善(Good)"胜过实体"②,华兹华斯说星辰因其德而强,③印度大师也说,神灵自身即梨多所生,而且听命于梨多。④

【§15. 客观论:中国古人的道。P18】中国古人也谈论"大"(great things),谈论太极(the greatest thing),他们称之为"道"(*Tao*)。这是一种不可言说的实在,是造物主

---

① 原文是 great ritual or pattern of nature and supernature。藉古人"仰观天文俯察地理"之语意译。

② 王洋译注《理想国》(华夏出版社,2012)509b:"太阳不仅把可以被看到的能力给了一切可以被看到的东西,而且给了它们出生、成长、获得养料的机会和力量,而自己并不属于出生之物。……因此,你可以声称,对一切可以被认识的事物来说,不仅是可以被认识的能力来自那一美好的东西,而且它们的存在和它们的实体也都得益于那一东西,尽管美好的东西本身并不是实体,然而,在地位和力量方面,它胜过实体。"

③ 典出华兹华斯《天职颂》("Ode to Duty", 1805)第 7 节:Stern Lawgiver! yet thou dost wear / The Godhead's most benignant grace; / Nor know we any thing so fair / As is the smile upon thy face; / Flowers laugh before thee on their beds; / And Fragrance in thy footing treads; / Thou dost preserve the Stars from wrong; / And the most ancient Heavens through / Thee are fresh and strong.

④ 【原注 16】A. B. Keith, s. v. 'Righteousness (Hindu)' *Enc. Religion and Ethics*, vol. x.

之前的渊冲(abyss)。它是"天"(Nature),是"路"(Way),是"由"(Road)。在此"道"中,天地位焉,四时行焉,百物生焉。每个人,亦应遵道而行,效法天地之化生万物,使自己的一切活动都顺应这伟大典范。①《论语》里说:"礼之用,和为贵。"②古犹太人同样也赞美律法(the Law)就是"真"(true)。③

【§16. 道与客观价值。P18—19】林林总总的这种理

---

① 【原注17】Ibid., vol. ii, p. 454 B; iv. 12 B; ix. 87 A.

【译注】路易斯这段论"道"文字,参考的是 A. B. Keith 主编的《宗教与伦理百科全书》(*Encyclopedia of Religion and Ethics*)第10卷。其表述不只来自儒家,亦明显夹杂道家言说。译文根据古语意译,以求文理通畅。直接参考之古语有:道可道非常道(《老子》第1章);道生一,一生二,二生三,三生万物(《老子》第42章);道冲而用之或不盈,渊兮似万物之宗(《老子》第4章);致中庸,天地位焉,万物育焉(《礼记·中庸》);天何言哉! 四时行焉,百物生焉(《论语·阳货第十七》)。

② 【原注18】*The Analects of Confucius*, trans. Arthur Waley, London, 1938, i. 12.

【译注】路易斯引用原文是:"In ritual, it is harmony with Nature that is prized."乃 Arthur Waley 英译《论语》。该英译本由外语教学出版社1998年出版。

③ 【原注19】《诗篇》119:151。希伯来原文是 *emeth*,即"真理"。印度语里的 Satya(实谛)一词,强调真理之"符合"(correspondence);希伯来语 *emeth*(与意为"坚不可摧"的一个动词相关),强调的则是真理之可靠(reliability)及可信(trustworthiness)。希伯来语专家提议,以 faithfulness 及 permanence 作为替代翻译。*emeth* 指真实不虚、完全可靠、永远不变,亦指合情合理。(参见 T. K. Cheyne in *Encyclopeida Biblica*, 1914, s. v. 'Truth'.)

解,柏拉图的,亚里士多德的,斯多葛的,基督教的以及东方的等等——为求简洁,我将称之为"道"。我所引用的对于道的一些阐说,可能对你们多数人来说,只是显得离奇甚至古怪。然而这些阐说的一以贯之之处,我们切不可忽视。它是关于客观价值的教义,是一种信念,即,就宇宙之所是及我们之所是而言,某些态度着实是对的,另一些则着实是错的。那些知"道"之人认定,称儿童可爱老人可敬,并非只是记录一个心理学事实(a psychological fact),即我们自己"父慈"或"子孝"的一时情感;而是体认一种品质(quality),这种品质要求(*demands*)我们作出特定应答,不管我们是否实际作出。我自己并不喜欢婴幼群体,然而由于我立身"道"内说话,所以我体认到这是我自己的缺陷——恰如一个人不得不承认,他耳聋或者色盲。正因为我们的认可或非难是对客观价值之体认或对客观秩序之应答,所以,情感状态可能与理性(reason)处于和谐之中(为应得认可者而感到心喜之时),也可能与理性并不和谐(知应为此心喜但却并不感到心喜)。没有任何情感,其本身就是评判标尺(a judgement),在此意义上,所有情感及情操都是非逻辑的(alogical)。但是它们或有理(reasonable)或无理(unreasonable),因为它们或合乎理性,或不合乎理性。① 心脏(heart)取代不了头脑(head):但它可以而且应当顺从它。

【§17. 现代世界的割裂。P19—20】与此相反,则伫立着《绿皮书》的世界。在此世界中,一种情操之有理——抑或无理——的那个可能性,从一开始就被排除。它或有理或无理,仅当它符合或不符合其他事情。说大瀑布崇高,意思是说我们的谦卑之感适宜或切合实在(reality),从而也是在说我们情感之外的某些事情;恰如说鞋子合脚,不只是说鞋,而且说脚。盖乌斯和提图斯从每个包含价值谓词的句子中给排除掉的,就是指涉情感之外的某些事情的这一可能性。对他们而言,这样的句子,只指涉情感。既然考量情感仅仅基于情感自身,那么,就无所谓合乎或不合乎理性。它之非理性,并非谬论之非理性,而是物理事件之非理

---

① 如何中译 reason 与 rationality,以及与之相关的 reasonable、unreasonable 与 rational、irrational,一直是个难题。之所以难译,是因为 reason 与 rationality 区别甚大,如何选用两个汉语概念表示此区别,本身就已很难。加之,不同哲人又对此添加不同理解不同偏重,汉译就更是纠结。拙译依比较通用的译法,将 reason 与 rationality 分别译为"理性"与"合理",将 reasonable 与 unreasonable 分别译为"有理"与"无理",将 rational 译为"合理的"或"理性的",将 irrational 译为"不合理的"或"非理性的"。

性:它甚至都不够犯错之格(dignity of error)。照此观点,一边是事实世界(the world of facts),没有一丝价值;一端是感情世界(world of feelings),没有一丝真或伪、义或不义。两端相互对峙,无邦交之可能。

【§18. 道之有无与教育。P20—21】鉴于我们或立身道内或立身道外(stand within or without the *Tao*),教育问题便截然不同。对立身道内者而言,教育之任务就是,在学生身上培植那种本身合宜的应答,无论是否曾有人应答合宜;并成就一些本就合乎人性的应答。对立身道外者而言,假如他们逻辑一贯,就必定认为所有情操都同样地非关理性,仅仅是我们与真实客体之间的雾障(mists)。其结果是,他们必然要么决心从学生心灵中去除所有情操,越彻底越好;要么鼓励一些情操,但鼓励之理由却与情操之内在"公正"或"正当"毫不相干。后一条路,使得他们卷入一种问题重重的进程之中,即,借助"暗示"(suggestion)或把戏(incantation)为他人制造他们自己的理性已成功驱散的海市蜃楼(mirage)。

【§19. 古教育乃传承,今教育乃宣传。P21—23】也许我们用一个具体事例,这一点会更清楚一些。在古罗马,当父亲告诉儿子为国捐躯乃甘美而合宜之事①,父亲对自己的话坚信不疑。他在给儿子分享一种情感,这种情感为他本人所共享。而且他也相信,这一情感合乎他的判断力在高贵死亡中所体认的价值。他正在把他所拥有的最好的东西奉献给孩子,奉献其灵性以使之成人(humanize him)②,恰如曾奉献其肉体使之降生。然而,盖乌斯和提图斯难以相信,称此等死亡甘美而又合宜就是在说"重中之重"。即便他们试图如此相信,他们自己的那套拆穿方法也会大声反对。因为死亡并非可食之物,因此严格意义上不可能"甘美";即便只是类比,死亡之前的那个感受也不可能是甘美。至于"合宜"——那仅仅是一个描述词,描述他人碰巧想到你之死亡时的观感;这种观感并非时时常有,也对你没有好处。对于盖乌斯和提图斯来说,眼前只有两条路。要么他们必须一路

---

① 原文是 sweet and seemly thing,语出贺拉斯(Horace)《歌集》(*Odes*)卷三第2首第3行。其拉丁原文为:*dulce et decorum est pro patria mori* 意为"为国捐躯,甘美而合宜"。

② 中国古教育以"成人"为务。所谓"成人",即使之成人。如《礼记·礼器篇》云:"礼也者,犹体也。体不备,君子谓之不成人。"《荀子·劝学篇》云:"是故权利不能倾也,群众不能移也,天下不能荡也。生乎由是,死乎由是,夫是之谓德操。德操然后能定,能定然后能应。能定能应,夫是之谓成人。"

走到头,像拆穿其他情操一样拆穿此情操。要么他们必须下定决心从外部(from outside)竭力制造一种情操。关于这一情操,虽然他们相信对其学生毫无价值,也可能会让学生付出生命代价,但是,他们可能终身从事。因为它对我们(幸存者们)有用,因而年轻一代应当感受到它。假如他们走上这条路,那么教育的古今之别就显得尤为重要。老教育是启发(initiate)①,新教育只是配制(conditions)②;老教育对待学生,像老鸟教小鸟习飞;新教育对待学生,则像养禽者对待幼禽——使得它们如此这般,对其目的幼禽一无所知。概言之,老教育是一种传承(propagation)——人之为人代代相传;新教育则只是宣传(propaganda)。③

---

① 《论语·述而第七》:"不愤不启,不悱不发。"朱子注曰:"愤者,心求通而未得之意。悱者,口欲言而未能之貌。启,谓开其意。发,谓达其辞。"

② condition 乃本文一关键词,与后文之 conditioner 密切相关。在《人之废》中,所谓 conditioner 是指这样一批人,他们认为,所谓善恶只不过是人在特定条件下的好恶,故而,只要重新设定条件,人类道德就会得到改进。既然人藉助科学已经成功征服并改造自然,那么人为何不能藉助科学来征服改造人本身,从而为人类制造一个全新的未来。拙译 condition 为"配制",译 conditioner 为"配制师",取配方制药配方奶粉之义。

③ 教育的这一古今之别,艾伦·布卢姆在《美国精神的封闭》(战旭英译,译林出版社,2007)一书中,亦有深刻体认。他指出,由于古老权威式微或饱受质疑,那么,家庭理应承当的道德教育就变得不再可能。即便可能,也只会蜕变成为"向儿童提供'价值'的尝试"。原因在于:"事实上父母也不知道自己信什么,所以他们缺少自信,除了希望自己的孩子更幸福,能够发挥他们的潜力之外,不知道能否教给他们更多的东西。"(第16页)

【§20. 第一条路：彻底拆穿。P23】盖乌斯和提图斯选择第一条路，是他们的题中应有之义。他们对宣传深恶痛绝，并非因为他们自己的哲学给了他们谴责宣传（或其他东西）的根据，而是因为他们比他们的原则要好。他们或许有些模模糊糊的观念（我将在下一讲对此做出考察）：假如"勇"(valor)、"信"(good faith)和"义"(justice)还是必需，那么基于他们所谓的"理性的"(rational)或"生物学的"(biological)或"现代的"(modern)的理由，就足以让学生成就它们。思及此，他们就把此事放在一边，心安理得地去干拆穿的活了。

【§21. 德性离不开情操。P24—25】但是这一条路，尽管不那么非人性，但其危险程度，却不亚于对立选项：不择手段的宣传。让我们暂且假定，不用诉诸客观价值，那些大德(harder virtues)也能真正获得其理论正当性。即便如此，德性的正当性证明，也不能使得一个人具有德性。舍却陶冶之情感，理智对兽性机体无能为力。我与其和一个在骗子堆里长大的刀枪不入的道德哲学家辩论，不如与这样一个人玩牌，此人虽为伦理怀疑论者，但拜养育所赐却相信"绅士不能骗人"。战场上，敌人整整炮轰了两个小时，并非三段论使得很不情愿的神经和肌肉,第三个小时仍然坚守职责。对于旗帜、祖国或政权的那种最粗劣的多情,将更管用,虽然盖乌斯和提图斯避之犹恐不及。柏拉图很早以前就告诉我们这一点。正如国王依赖执行者实施统治,在人身上,理性也应通过"灵性"(spirited element)来统治单纯的欲望。① 头脑通过心胸来统治肚腹——心胸,恰如阿兰②所说,是气节之基(the seat of Magnanimity),③也是情感积惯成习变为持久情操之基座(seat)。心胸—气节—情操(Chest-Magnanimity-Sentiment),是脑人(cerebral man)和腹人(visceral man)之间不可或缺的联络处。甚至可以说,正是因为有此中间

---

① 【原注 20】《理想国》442b, c.
【译注】柏拉图认为,恰如城邦有三个不同阶层,人类灵魂也有三个部分:理性、气魄和欲望。"'理性'拥有'求知欲',希望认识事物的本质,接触真理;'气魄'拥有证实自己勇猛顽强、充满'英雄'气概的意志;'欲望'也有自己的奋斗目标,它不断盼望解除'饥渴',追求自身的满足。"(王扬译注《理想国》第 153 页注 1)。

② Alanus ab Insulis(约 1128—1202),汉译"里尔的阿兰",英文亦作 Alain de Lille,神学家,诗人。博学多才,号称"万能博士"。(参《不列颠百科全书》卷一第 160 页)。豆瓣网上一篇名为《信仰情怀》(作者唐逸)里说:"十二世纪里尔的阿兰(Alanus ab Insulis)所著的《自然的哀叹》(*De Plantu Naturae*)代表中世纪的自然观,亦称自然的秩序、万物的法则乃是上帝的创造。"

③ 【原注 21】Alanus ab Insulis. *De Planctu Naturae Prosa*, iii. (里尔的阿兰:《自然的哀叹》散文体,卷三)。

成分，人才成其为人：因为藉由理智，他只是个灵（spirit）；藉由欲望，他仅是个兽（animal）。

【§22. 无胸之人。P25】《绿皮书》那类书给人所做的手术，所造就之人，可以称之为"无胸之人"（Men without Chests）。像平常那样，称他们为"知识人"，无疑会令人愤怒。因为这给了他们机会去说，谁抨击他们，谁就是抨击理智。并非如此。他们之异于他人，并不在于其发现真理的非凡技能，也不在于其追求真理的纯真热情。假如他们真是这样，那才奇怪。坚持不懈投身真理，对知性荣誉的真切感受，舍却盖乌斯和提图斯弃若敝屣的情操之助，根本无法维持。使得他们与众不同的，不是其思想之过度，而是其丰富又大度的情感之残缺。他们的头脑之所以看上去比常人大，乃是因为其心胸之萎缩。

【§23. 拆穿家制造无胸之人。P26】整个这段时间——这就是我们境遇的悲喜剧——我们为之不断呼吁的那些品质，却正是我们使之不再可能。翻开一本杂志，你很少不会看见这等陈述，即我们的文明需要更多的"动力"或活力或自我牺牲或"创造力"。说得可怕一点，明摆着的是，我们切除器官却要其功能。我们制造无胸之人，却期望他有德性和进取心。我们嘲笑荣誉,却震惊于在我们中间发现叛徒。我们阉割他人,却要求此阉人生育。

2

道

THE WAY

君子务本。

《论语·学而第一》

【§1. 理论反驳方为真反驳。P27】贯彻《绿皮书》精神的教育,其实际后果必然是,哪个社会接受它,哪个社会就毁灭。然而价值主观论作为一种理论,这个理由并不必然构成反驳。正确学说可能仍不失为一种学说,即便我们谁接受它,谁可能就会死。任何立身"道"内说话的人,都不会基于此而拒斥它:"如果你想杀死我们,也请在阳光下。"①不过暂时还没到那个地步。盖乌斯和提图斯之哲学,有其理论困难。

【§2. 主观论终会预设客观的善。P27】无论一些传统价值,在盖乌斯和提图斯看来如何如何之主观,他们撰写《绿皮书》这一举动还是表明,必然还有一些价值,他们认为一点也不主观。他们撰写之目的在于,在未来一代造就某种心灵状态(state of mind)。这即便不是因为他们认为,这些心灵状态内在地公正或内在地善,也必然是因为他们认为,这些心灵状态是手段(means),可借以达致某种他们认为可欲的社会状态。从《绿皮书》的各个段落,归结其理念(ideal),这并不难。但我们无须这样做。因为关键点并不在于,他们的目的(end)之实质到底是什么,而在于他们竟还怀有一个目的。他们必然怀有目的,不然他们的书(有意为之的纯实用书籍)就写得毫无目标。而且这一目的,必然在他们眼里具有真正价值。不称此目为"善"(good),而用"必然"(necessary)或"进步"(progressive)或"效用"(efficient)这类谓词,其实就是一种遁词。因为一旦论辩,他们就被迫回答

---

① 罗念生、王焕生译《荷马史诗·伊利亚特》(人民文学出版社,1994)卷十七第647行。路易斯所引原文为希腊文:εν δε φαει και ολεσσον。

"为何必然"、"进步到哪里"、"效用为何"的问题。作为最后一招,他们会不得不承认,某些事情在他们看来就自为地善(good for its own sake)。到了此时,他们就不能再坚持,"善"仅仅是描述他们自己关于它的情感。他们的书的全部目标就是,配制(to condition)年轻读者,使得他将称许他们之所认可(approval)。除非他们认为,其认可在某种意义上有效或正确,否则,如此从事,不是傻子,就是坏蛋。

【§3. 流行的怀疑论对人不对己。P29】究其实际,就会发现盖乌斯和提图斯因全然未经检省的教条主义,持有这样一整套价值体系。此价值体系碰巧在两次大战期间,流行于中等教育程度的年轻人和专家阶层之间。① 他们的

---

① 【原注1】假如我们对比一下《绿皮书》中的这一表示认可和非难的清单,盖乌斯和提图斯的真正哲学(或许是无意识的)就变得清清楚楚:

A. 非难(Disapprovals):母亲要其孩子"勇敢"是"毫无意义"的(《绿皮书》62页)。所用"君子"(gentleman)一词,"出奇地含混"(同前)。"称一个人为懦夫,其实没有告诉我们关于此人行为的任何事情"(64页)。对祖国或帝国的感情,就是"大而无当"的感情(77页)。

B. 认可(Approvals):那些爱和平艺术(arts of peace)甚于战争艺术(arts of war)的人(没有交待在何种环境下),"我们情愿称之为智者"(65页)。期望学生"信仰民主的社会生活"(67页)。"跟他人交流看法,据我们所知,才是健全的人"(86页)。盥洗室之存在理由"如此明显不用再提",不用说"一个人干干净净,与他碰面当然更健康更愉快"(142页)。

我们将会看到,和平时期偏远街道都有的那种舒适和安全,被奉为终极价值(ultimate values);然而,独自可以产生或升华舒适和安全的那些事物,却遭到嘲笑。仿佛人仅靠面包活着,而面包的终极来源就是面包师的车;和平比荣誉更紧要,藉嘲笑上校和读报就可以维持和平。

价值的怀疑论,仅在表面:仅仅用于其他人群所持价值;至于他们自己那伙人里通行的价值,他们基本不加怀疑。这一现象很是平常。那些"拆穿"传统或"拆穿"(他们所谓的)"情操"价值("sentimental" value)的人,绝大多数都私底下拥有他们自己的价值,对此他们认为完全免疫于拆穿进程。他们声言,切除传统价值寄生其上的情感、宗教支持以及古老禁忌①,就是为了让"真实"(real)或"基本"(basic)价值拨云见日。我现在就要去看看,假如认真努力尝试这一点,会发生什么。

【§4. 检验主观论的关键实验。P30】我们还是沿用前面的例子——为"善"的事业而死——当然不是因为德性是唯一的价值,也不是因为牺牲是唯一的德性,而是因为它就是那能最清楚显示思想体系之不同的关键试验。②让我们假定,一个价值新民家(Innovator)认为,为国捐躯"甘美而合宜"③以及

---

① 拆穿家认为,传统价值,究其实寄生于情感、宗教和禁忌。一旦割断此脐带,看似客观的传统价值就会暴露其主观面目。

② 原文为拉丁文 *experimentum crucis*,意为 a crucial experiment,即能够检验某一理论之真伪的实验。

③ 反战诗人 Wilfred Owen 的著名反战诗歌 *Dulce et Decorum Est*《为国捐躯》,1920),其最后三行为:"My friend, you would not tell with such high zest / To children ardent for some desperate glory, / The old Lie: Dulce et decorum est Pro patria mori."不知名之网友译为:"我的朋友,你就不会如此热情地传讲/向热心荣誉的孩子们/古老的谎言:为国捐躯,甘美而合宜。"

"人的爱心没有比这个大的"①,仅仅是非理性的情操;为了使我们能够为牺牲生命找到"现实的"或"基本的"根据(ground)②,这些情操必须去除。可是,他将在何处找到此根据?

【§5.新伦理学:实用伦理。P30—31】首先,他可能会说,其真正价值在于这类牺牲于共同体有益。"善",他可能会说,"意指对共同体有用的东西"。可是,共同体的死亡当然不会对共同体有用——只有其部分成员的死亡才对其有用。所以其真正意思就是,一部分人的死亡对另一部分人有用。千真万确。可是有何根据,让一些人为了其他人的利益而死?依假定,诉诸自豪、荣誉、羞耻或爱,都被排除。利用这些就又重返情操。新民家的任务就是,在全部切除它们的同时,根据纯粹推理(pure reasoning)向人们解释,为什么他们最好接受死亡而其他人可以活着。他可能会说"除非让我们一些人冒险去死,否则我们所有人都得

---

① 原文为 *greater love hath no man*,语出《约翰福音》十五章 13 节:"人为朋友舍命,人的爱心没有比这个大的。"

② ground 一词在此,乃为隐喻,意思是说那些革新者要让价值站在更为坚实的地面上。可是,将此隐喻用法直译为汉语,扞格难通。退而求其次,意译"根据",意思虽不差,但其精妙却损失大半。望读者诸君见谅。

死"。可是,这只有在极少情况下才是真的。即便此言不虚,它也会激起一个相当合理的反问:"为什么就是我要去冒这个险?"

【§6. 实用伦理犯自然主义谬误:企图从事实判断得出价值判断。P31—32】在这一点上,新民家或许会问,为什么利己竟要比利他主义更"合理"(rational)或"明智"(intelligent)。欢迎如此提问。假如我们所用理性(Reason)一词,就是指盖乌斯和提图斯致力于拆穿之时所采用的流程(即,得出结论之根据,最终须是基于感觉材料的命题)[①],那么,答案必然就是,拒绝牺牲自己并不比同意牺牲更合理。也非更不合理。根本没有哪一选择合理——或不合理。从事实命题(proposition about fact)出发,从来得不出

[①] 原文是"the connecting by inference of propositions, ultimately derived from sense data, with further conclusions"。路易斯在这里所指的是逻辑实证主义的基本教义。逻辑实证主义在上世纪上半叶之英美学界,蔚为风潮。其主要目标就是,取消形而上学,建立一种"科学的哲学"。它认为,命题分两类,一类是经验科学命题,它们对事实有所断定,故而其真假可由感觉材料(sense data)证实,具有经验意义;另一类是形式科学命题(数学和逻辑命题),它们是分析命题,对事实无所断定,故而其真假由定义和逻辑形式决定,只具有逻辑意义。而形而上学命题既非经验命题,也非分析命题,故而是毫无意义的"伪问题",应被逐出哲学。(参见葛力主编《现代西方哲学辞典》,求实出版社,1990)

任何实践结论(*practical* conclusion)。① "这将保全社会"，并不能推导出"要这样做"，除非以"社会应被保全"为中介。"这将以你生命为代价"，也不能直接推出"不要这样做"；要推出它，只有通过一种感受到的欲望或一种体认到的义务去自我保全(self-preserving)。新民家试图从一个陈述语气的前提中，得出一个祈使语气的结论。尽管他持之以恒，但他不会成功，因为这是不可能的。因此，要么我们必须扩展"理性"一词，使之包括前人所谓的"实践理性"(Practical Reason)，并承认"社会应被保全"这类判断（尽管没有盖乌斯和提图斯所要求的那种理由，它们也能立得住）并不仅仅是情操，而且是合理性(rationality)本身。要么我们必须立即且永远放弃这一企图，企图在我们已经拆穿的所有情操背后，发现"合理"价值之内核(a core of "rational" value)。新民家不会选择第一个，因为所有人凭借"理性"知道，实践原则(practical principles)就是"道"，而他下定决心对"道"避而不谈。他更有可能放弃寻求"合理"内核，转而寻找其它更为"基本"更为"现实"的根据。

---

① 从事实命题推出实践结论，从"是"(is)推出"应当"(ought to)，是伦理学中著名的"自然主义谬误"(natural fallacy)。

【§7. 另一种新伦理学：本能伦理。P33】他可能感觉到，他在本能(Instinct)里找到了更为"基本"更为"现实"的根据。[①] 保全社会，保全人类这一物种，这些目的并不由理性这条并不可靠的线来维系：它们乃本能所赐。因此之故，没有必要去反驳那些没有体认到它们的人。我们具有一种本能冲动去保全我们这一物种。因此之故，我们应当为后世工作。我们没有本能冲动去遵守诺言或尊重个体生命：因此之故，关于公义及人性的道德良知——事实上就是"道"——就可以名正言顺地加以扫除，当它们和我们的真正目的即物种保全相冲突之时。也正因为此，现代境遇允许且要求一种新的性道德：古老禁忌曾的确有助于保全物种，然而避孕药修正了人类繁衍，故而我们现在可以摈弃许

---

① 瑞恰慈在《文学批评原理》（杨自伍译，百花洲文艺出版社，1997）中说："人类所受的折磨莫大于过时的道德准则。"（第48页）他与时俱进，企图基于生物学或心理学来建立新道德。在他看来，所谓"道德规范这个问题"(problem of morality)，究其实，不过是"冲动组织的问题"(problem of organization)。如此一来，就可以抛弃所谓的老的或过时的道德规范，直接藉助本能以界定"善"："凡是好的(good)或有价值的(valuable)便是能使冲动得到利用并使其欲念得到满足。我们说某样东西是好的，这时我们指的是它令人满足，所谓好的经验我们指的是产生这个经验的冲动得以实现而且是成功的，作为必要限制条件而有所补充的是，这些冲动的利用和满足不得以任何方式干预更为重要的冲动。"（第49页）

多禁忌。因为,只要和物种保全不相冲突,性欲望作为本能冲动,就当然应该得到满足。看上去,基于本能的伦理学,事实上会给新民家带来所有他想要的,同时又不给他带来一丁点他不想要的。

【§8. *本能伦理之专断*。P34—35】实际上,我们并未前进一步。我将不再坚持这一点,即本能只是我们不知其所以然的代名词(说候鸟凭借本能找到路,只是在说我们并不知道候鸟如何找到路);①因为我想,这里本能一词的意思相当确定,意指既定物种成员大都能够感受到的那种未经反思或自发的冲动。如此理解,本能何以帮助我们找到"真正"价值?难道它是在说,我们必须服从(*must* obey)本能,不能做别的?然而,如果这样,为什么要写《绿皮书》之类的书?既然是势在必行,为什么还需要这一连串规诫?对那些已经顺应那种必然(the inevitable)的人,为什么还要赞扬?抑或它是在说,假如我们服从本能,我们将会幸福并且满足?可是,我们所考虑的那个问题却是如何面对死亡,死亡(恰如新民家所知)会切断满足的所有可能。即便

---

① 用本能解释人类行为,就是我们不知所以然的遁词。这是路易斯的一贯观点。他在此暂时放弃,是一种修辞。

我们具有一种本能欲望为后代谋利益,那么这一欲望,理所当然地永远不会得到满足,因为,即便目标确实达到,我们却已经死了。看上去极有可能的是,新民家将不得不说,不是我们必须(must)服从本能,也不是一旦服从我们就会获得满足,而是我们应当(ought)服从它。①

---

① 【原注2】据我所知,立足于"冲动满足"来建构一种价值理论的最为坚定的努力,就是瑞恰慈博士的《文学批评原理》(*Principles of Literary Criticism*, 1924)。

对于把价值界定为满足(Satisfaction),古老的反驳就是这一普遍价值判断:"宁做一个未得满足的苏格拉底,不做一头心满意足的猪。"(it is better to be Socrates dissatisfied than a pig satisfied)

为了应对这一古老反驳,瑞恰慈博士努力揭示,可以把我们的冲动安排进一个层级结构(hierarchy),这样,无需诉诸冲动满足之外的任何标准,就可以决定哪些满足应当优先。他这样做,依赖的是这样一种论调,即一些冲动比另一些冲动更"重要"——重要冲动就是,一旦它受挫其他冲动也跟着受挫。一种好的系统协调(good systematization),即好的人生(good life),就在于满足尽可能多的冲动;这也就意味着,牺牲那些"不重要"的冲动,以满足那些"重要的"。在我看来,对这一方案可以提出两点反驳:

(1) 离开关于不朽的理论(a theory of immortality),高贵死亡的价值就没有空间。当然可以说,一个人因变节而偷生,在其余生将会因受挫(frustration)而痛苦。是的没错,可是,并非他的全部冲动都受挫,难道不是么? 而死者,则将不再会有任何满足。是否还可以强辩说,因为死者也没了未得满足的冲动,故而他比那个可耻的偷生者要强一些? 这就引出了第二点反驳。

(2) 冲动的系统协调(systematization),是用满足之在场(presence of satisfactions)来评判,还是用不满足之缺席(absence of dissatisfactions)来评判? 极端事例就是死者,对于他,满足或不满足(按照现代(转下页注)

【§9.由本能推不出道德。P35】然而,我们为何应当服从本能?是不是有一个更高级别的本能,命令我们这样做,并有一个再高一级的本能命令我们去服从它?——本能的无穷回溯(infinite regress)①?这看上去不可能,但除此之外无法可想。从一个心理事实陈述"我有如此如此做

(接上页注)观点)都是零。与此相反,成功叛国者却依然能吃能喝能睡,能搔痒能交媾,即便他不再拥有友爱、爱情或自尊。在另一个层面上,也有此问题。假定A只有500种冲动,全部得到满足。假定B有1200种冲动,700种得到满足,500种未得满足。这时,他们二人谁的系统协调更好?不难发现瑞恰慈博士实际好恶——他甚至称誉艺术说,艺术使得我们"不会满足于普通的粗俗行止"(前引书第230页【译按:杨自伍译本210页】)对于瑞恰慈这一取向的哲学基础,我所发现的唯一迹象就是,"活动越复杂,人越是有意识"(第109页【译按:杨自伍译本第97页】)。然而假如满足就是唯一的价值,那么,为什么提高意识程度就是好的?因为,意识是所有不满足和所有满足的前提条件。对于他自己的(及我们的)实际好恶,即好文明生活而恶野蛮,好人性而恶兽性——甚至对于好生恶死,瑞恰慈博士的体系未提供任何支持。

【译注】瑞恰慈说:"任何活动为人意识的程度看来绝大部分取决于它的复杂程度和新奇程度。"(杨自伍译《文学批评原理》,百花洲文艺出版社,1997,第97页)在瑞恰慈看来,"普通经验"与"艺术经验"之差别就是,"较少的冲动与较多的不得不进行相互协调的冲动构成的经验之间的一般差异"(第98页)。进言之,只有后者才是值得一过的人生,前者只不过是"普通的粗俗行止"(第210页)。

① 无穷回溯(infinite regress,亦译"无穷后退")。罗伯特·C.所罗门《哲学导论》第9版(陈高华译,世界图书出版公司,2012)解释 infinite regress:"一个往后的无止尽序列。比如,'A由B造成,B由C造成,而C又由D造成……等等以至无限'。亚里士多德认为,这样的后退是一种理智的荒谬。"(第548页)

的冲动",我们再足智多谋,也得不出"我应该服从此冲动"这一实践原则。说人们为了保全同胞,就有一种自发的、未经反思的冲动去牺牲自己的生命,即便此言不虚,仍然还有一个相当不同的问题:他们到底应该控制还是应该放任这种冲动?因为,甚至连新民家都承认,许多冲动(跟保全物种相冲突的冲动)不得不加以控制。承认这一点,无疑会将我们领向一个更为根本的困难。

【§10. 裁夺相互冲突之本能,端赖高于本能者。P35—36】告诉我们去服从本能,恰如告诉我们去服从"人民"。人民各说各的:本能也是如此。我们的本能处于战争状态(at war)。假如认为,应当一直服从保全物种的本能,不得已则牺牲其他本能,那么我们从哪里得出此优先原则?听从(listen to)那一本能自说自话随其所好作出决定,无疑过于头脑简单。每一本能,假如你听从它,它会要求以其他本能为代价来满足它。听从这一本能而非那一本能,这一行为本身就说明我们已经预先裁夺。在盘查本能之时,假如我们没有带着关于其相对尊卑的任何知识,那么我们也不会从本能之中获得此类知识。此种知识本身也不能是本能:法官不能是受审团伙的一员;假如它是,其裁决就毫无价值,而且没有任何理由把物种保全置于自我保全和性饥渴之上。

【§11. 本能伦理之无谓挣扎。P36—37】不诉诸任何比本能更高法庭,我们仍能找到理由让某本能君临其他本能,这一想法很难根绝。我们攫取无用词汇做救命稻草:我们或称此本能"基本"(basic),或"根本"(foundamental),或"首要"(primal),或"最深"(deepest)。这于事无补。要么,这些语词暗藏一个评判(passed *upon*)本能的价值判断,因而这一价值判断就并非来自(derivable *from*)本能;要么,这些语词仅仅记录本能的焦灼感、其活动之频繁及其份额之广大。假如是前者,藉本能为价值奠基的整个尝试,就已经宣布放弃;假如是后者,对心理事件的量化观测,不能得出任何实践结论。这是古老的两难。要么前提之中暗藏祈使语气,要么结论仍旧还是陈述语气。①

---

① 【原注 3】威丁顿(C. H. Waddington)博士在其《科学与伦理》一书中的命运,很好展示了一个人试图让价值基于事实,绝望之时会被迫采用何种权宜之计。威丁顿博士在此解释说,"生存就是其自身之正当性证明"(existence is its own justification, 14 页)。他写道:"本质上要进化的物种的生存本身,就是一个朝向更为全面的生存进化的正当性证明。"(17 页)我并不认为,威丁顿博士本人对此观点泰然自若。因为他努力向我们郑重推介进化过程(the course of evolution),不是基于其发生(转下页注)

【§12. 为子孙万代着想并非本能。P37—39】最后值得探讨一下,是否有(*is*)一种照顾后世或保全物种的本能。我在自己身上没有发现它:而我的确是个相当喜欢思考遥

(接上页注)(its mere occurrence),而是基于三点理由:

(1) 后来阶段包括(include)或"涵盖"(comprehend)此前阶段;

(2) 赫胥黎(T. H. Huxley)所描绘的进化途径并不使你厌恶,假如你从"保险公司统计员"(actuarial)的角度看;

(3) 无论如何,那根本不像人们所理解的那样糟("并非如此冒犯德行以至于我们无法接受",第18页)。

与其说这三条辩解使威丁顿博士之大脑信服,不如说使其心脏信服;而且在我看来,就是放弃主要阵地。假如进化受称誉(或者至少为其辩护),只是基于它所展现的任何属性,那么,我们就在用一种外在标尺(an external standard),以生存作为其自身正当性证明的企图,也就宣告放弃。假如还坚持这一企图,为什么威丁顿博士孜孜于进化:也即孜孜于一个行星上有机生存的一个临时阶段(a temporary phase of organic existence in one planet)? 这是"地球中心论"(geocentric)。假如善等于"自然碰巧所作所为",那么,我们的确应当注意自然作为一个整体正在做什么。据我理解,自然作为一个整体,正在始终如一且无可回避地走向全体宇宙中所有生命之消亡。因此,威丁顿博士之伦理学,一旦剥去其对地球生物学(tellurian biology)这一褊狭事务的难以解释的偏袒,就会把谋杀和自杀当作唯一义务留给我们。我承认,在我看来,即便是这一点,也只是一个小小的反驳,假如我们想到,威丁顿博士的首要原则并不符合人们实际所做价值判断。仅仅基于其发生而珍视任何事物,事实上就是推崇成功(worship success),恰如卖国贼或维希政府那样。已经有更为邪恶的其他哲学被发明出来了:不再需要粗俗的了。我并不是说,威丁顿博士在实际生活中,面对既定事实,真的会如此之奴颜婢膝。我们希望,《快乐王子雷斯勒斯》第22章之图景,能告诉我们他的哲学一旦付诸行动会如何。("这哲学家还以为他心悦诚服,其他人亦甘拜下风,逐露出安于现状的神情,起身离座。"【译按:见约翰逊:《快乐王子雷斯勒斯》,郑雅丽译,北京大学出版社,2003,第62页】)

远未来的人——一个兴致勃勃读过奥拉夫·斯塔普雷顿先生①的人。同样我也发现，难以置信大多数人，公交车上坐我对面或跟我一起排队的人，感受到一种未经反思的冲动，为了人类这一物种或后世，赴汤蹈火在所不辞。只有那些受过特定教育的人，才念念不忘"后世"。某些客体，只对反躬自省之人（reflective men）存在。对于此客体的态度，就难以归结于本能。我们天生本有的冲动是，保全我们自己的儿孙；随着想象力进一步向前延展，这一冲动渐

---

① 奥拉夫·斯塔普雷顿（Olaf Stapledon, 1886—1950），英国作家，哲学家。其著作包括他所谓的"哲学类奇幻小说"（"fantastic fiction of a philosophic kind"）。认定宗教或对不朽的信念毫无用处，他提出一种"演进的上帝"（god-in-development）。其哲学著作包括《现代伦理学理论》（*A Modern Theory of Ethics*, 1929），《哲学与生活》（*Philosophy and Living*, 1939）及《超越"主义"》（*Beyond the "Isms"*, 1942）。与路易斯很相似，他也会有意把自己的生命观混合进其科幻小说中。其科幻小说包括《人之始末》（*Last and First Men*, 1930），《怪约翰》（*Odd John*, 1935），《造星者》（*Star Maker*, 1937），《天狼星》（*Sirius*, 1944）。值得一提的是，《人之始末》一书开了科幻小说史上人类灭绝外星异族之先河。书中记叙，由于月球即将坠落，地球人不得不向金星迁移。金星土著（一种海洋生物）阻挠，最终被人类灭绝。斯塔普雷顿笔下的金星土著，嗜血、好战却又原始蒙昧，是仅仅掌握基本机械的野蛮生物，而且赖以为生的放射性元素也日益枯竭。因此，人类为生存而对金星土著发动的种族灭绝，似乎显得正当合理。路易斯《沉寂的星球》（*Out of the Silent Planet*, 1938）中邪恶的科学狂人韦斯顿（Weston），喋喋不休的就是斯塔普雷顿的《人之始末》里的观点。斯塔普雷顿之著作，暂无中译本。

行渐弱,最终死于"未来之广漠"。那些受此本能支配的父母,即便在梦中也没有那么一刻,会为其假想的子孙请命,而不顾屋子里又挤又闹的婴孩。我们中间,那些接受"道"的人,也许会说他们应当如此:但是对那些把本能看作价值源泉的人,这道门没有开。当我们从母爱转到对未来的理性规划之时,我们就从本能领域(realm of instinct)转到选择和反思领域(realm of choice and reflection):假如本能就是价值源泉,那么,比起温柔母亲的旖旎儿语和依偎怀抱,或比起亲爱父亲在婴儿室所讲的愚蠢至极的故事,未来规划可能更不值得尊重,更无强制性。假如我们让自己基于本能,这些事情都是实体(substance),对后世的关心则是影子(shadow)——育儿之乐投射在不可知之未来这一荧幕上面的巨大而又闪烁不定的影子。我并不是说这个投射是个坏事,我只是不相信本能就是价值判断的根据。荒唐的是,你宣称在本能中找到你关心后世的正当性证明,同时却又处处嘲弄,按你的假定那唯一可以依赖的本能:你为了进步或未来人种,把孩子带离母亲怀抱送往托儿所及幼儿园。

【§13. 价值根基只在道中。P39—40】大白之真相就是,无论是用事实陈述作推演,还是诉诸本能,新民家都不能为一个价值体系找到根基。他所需要的那些原则,都不可能在那里找到,可是它们全都可以在别处找到。"四海之内皆兄弟也",儒家这样说君子或绅士。① "人类的一切都与我血肉相关",斯多葛学派说。② "己所欲施于人",耶稣说。③ "人应保卫自己",洛克说。④ 新民家或拿后世、或拿社会、或拿

---

① 《论语·颜渊第十二》:司马牛忧曰:"人皆有兄弟,我独亡!"子夏曰:"商闻之矣:'死生有命,富贵在天。'君子敬而无失,与人恭而有礼,四海之内皆兄弟也! 君子何患乎无兄弟也。"

② 古罗马剧作家泰伦修(Terence)曾是奴隶,他有名言:"我是人,我认为人类的一切都与我血肉相关。"原文为拉丁文:*Homo sum; humani nihil a me alienum puto*,译为英文:I am a man; nothing human is alien (foreign) to me.

③ 《路加福音》六章 31 节:"你们愿意人怎样待你们,你们也要怎样待人。"这一诫命,亦曰"爱人如己"。与《论语》"己欲立而立人己欲达而达人",语虽不同,其意则一。更值得注意的是,在本书第一版中,路易斯并非专引圣经,而是同时提及孔子。《本书》第一版原文是:"Do as you would be done by," say Jesus and Confucius both.

④ 【原注 4】洛克《政府论》下卷第三章。
【译注】洛克认为,人在原始的自然状态,任何人都享有与生俱来的生命、自由和财产权。而在战争状态,根据自然权利神圣不可侵犯的原则,人有杀死敌人的权利。《政府论》(叶启芳、瞿菊农译,商务印书馆,)下卷第三章第 16 部分说到:

战争状态是一种敌对的和毁灭的状态……我享有毁灭那以毁灭来威胁我的东西的权利,这是合理和正当的。因为基于根本的自然法,人应该尽量保卫自己,而如果不能保卫全体,则应优先保卫无辜的人的安全。一个人可以毁灭向他宣战或对他的生命怀有敌意的人。他可(转下页注)

人类这一物种做理论张本。这些张本背后的所有实践原则，亘古之时就在"道"中。它们不在别处。除非坚信不疑地承认，行动世界的这些实践原则，就是理论世界的公理，否则，你不会有任何实践原则。因为，你不可能把它们当作需要抵达的结论：它们就是前提。诚然，它们不能为自己提供"理由"，从而使盖乌斯和提图斯闭嘴。因此，你尽可以认为它们是情操。然而你必须放弃，拿"真正的"或"合理的"价值来与情操价值（sentimental value）作对比。因为，所有价值都关乎情操；而且你必须承认（否则就要抛弃所有价值）所有情操并非"仅仅是"主观的。另一方面，你也可以把它们看作是合理的——甚至看作合理性（rationality）本身——看作如此明显有理之事，以至于它们并不要求证据，也无须接受证据。然而你必须承认，理性可以是实践的；必须承认，不可因为"应当"（ought）提供不了一些"是"（is）作

（接上页注）以这样做的理由就像他可以杀死一只豺狼或狮子一样。因为这种人不受共同的理性法则的约束，除强力和暴力的法则之外，没有其他法则，因此可以被当作猛兽看待，被当作危险和有害的动物看待，人只要落在他们的爪牙之内，就一定会遭到毁灭。

路易斯引文是"Humanity is to be preserved"，英文原著则是"man being to be preserved"，似有一字之误，但无伤大碍。因为路易斯在这里强调，洛克仍坚信"自然法"（law of nature）。

为资格证书而解雇"应当"。假如没有事物不证自明,那么也就没有事物会得到证明。同理,假如没有事情因其自身而义不容辞(obligatory),那么就根本没有什么是义不容辞(obligatory)。

【§14. 新民家之勇气亦源于古之道。P40—41】在一些人看来,我仅仅是换用另一个名称,装的还是他们用基本本能或根本本能所意指的东西。可是,牵涉其中的,并不仅仅是一个语词选择问题。新民家抨击传统价值("道"),来捍卫他一开始就假定的(某种特殊意义上的)"合理的"或"生物学"价值。然而,正如我们已经看见的,他所凭藉的所有价值,藉以抨击"道"、甚至声称要取代"道",这些价值本身就派生于"道"。假如他真要草创,要抛开人类价值传统重新开始,那么,没有什么戏法可以使得他向人应当为其共同体而死或应当为后世工作这一观念前行一步。假如"道"坍塌,他自己的所有价值观念也随之坍塌。除了"道"之权威,没有其他可居权威之位。只有凭藉他所继承的一些"道"的碎片(shreds),他才能够抨击"道"。这时的问题就是,因何名义他选择接受这些碎片而摒弃另一些。假如他所摒弃的那些碎片无有权威,那么他留存的那些也没有:假如留存的有效(valid),那么,摒弃的那些也有效。

【§15. 新民家凭什么厚此薄彼。P41—43】比如,新民家把为后世请命(claims of posterity)抬得很高。出于本能或(现代意义上的)理性,他难以有效为后世请命。他其实是从"道"中,引申出我们对后世之义务。我们有义务与人为善(our duty to do good to all men),乃实践理性之公理;我们有义务与后世为善,是由之清晰演绎出来的一个推论。在天道之流行中,不但有我们对子孙后代之义务,并肩而立的还有我们对父辈和祖先之义务。我们有何权利摒弃一个而接受另一个?再者,新民家也可能将经济价值置于首位。人民丰衣足食成为伟大目标,对公义(justice)及信德(good faith)之追求可能就会弃置不顾。关于丰衣足食之重要,"道"当然与他同意。除非新民家自己用"道",否则他永远不会得知这样一种义务。在"道"之内,与这些义务并肩而立的还有,他准备加以拆穿的对公义和"信德"的义务。他的委任状是什么?他可能是个沙文主义者,一个种族主义者,一个极端民族主义者,他主张,自己同胞领先就是其他一切都应为之让步的目标。可是,任何事实观察(factual observation)或诉诸本能,都不能给他这一选择提供根据。再说一遍,他事实上从"道"中引申出这一点:因为他们是亲人,故对亲人负有义务,这本是传统道德的一部分。在"道"之内,与之并立且制约它的还有:不可更改的公义要求(demands of justice),以及长远来看四海之内皆兄弟这一道德律(rule)。新民家挑挑拣拣之权威从何而来?

【§16. 意识形态造"道"的反,乃末造本的反。P43—44】由于我看不到这些问题的答案,故而我得出如下结论。我为方便而称之为"道",他人或许会称为"天理"(Natural Law)[①]或传统道德(Traditional Morality)或实践理性第一原理(the First Principles of Practical Reason)或首要共识(the First Platitudes)。它不是一系列可能存在的价值体系之一。它是一切价值判断的唯一源泉(source)。假如它遭摒弃,所有价值就遭摒弃。假如任何价值得以留存,那么它就得以留存。试图拒斥它,并建立一个新的价值体系取而代之,这一企图本身自相矛盾。世界历史上,从来没有,将

---

① Natural Law 作为现代政治学的一个核心术语,意指可由理性发现的支配人类行为的自然法则。路易斯所用 Natural Law 一词,强调重点在于人间总有亘古不变之道在,有"天不变道亦不变"之意,故而译为"天理"。此词在路易斯的《返璞归真》中为核心概念,余也鲁先生中译《返璞归真》(海天书楼,2000),译为"天理"或"天道"。

来也永远不会有一套全新的价值判断。那些所谓的新体系或（如他们所称的）新"意识形态"，都包含着由"道"本身而来的某些片段。他们将这些片段从"道"的整体语境中强行剥离，让它们在孤立之中任意膨胀，膨胀到疯狂的地步。然而，即便如此，倘或它们确实具备某种有效性（validity），其有效性仍归根于且只能归根于道。假如我对双亲之义务是迷信，那么，我对后世之义务也是迷信。假如公义是迷信，那么，我对祖国和族类之义务也是迷信。假如追求科学知识有真正价值，那么，婚内忠诚也是如此。新意识形态造"道"的反，恰如树枝造树干的反：一旦造反成功，它们就会发现它们已经毁掉自己。人类心灵无力发明新价值，恰如人无力想象一种新原色，或创造一个新太阳及日月行焉之天空。

【§17. 寻常的几点疑问。P44—45】难道这意味着，我们对价值的理解从未有过进步？难道我们永远束缚于永世不变的准则之上？关于服从我所谓的"道"，难道无论如何都不能讨论？假如我们就像我曾经所做的那样，把东西方传统道德放在一块，把基督教的、异教徒的以及犹太人的传统道德放在一起，我们难道不能发现许多矛盾许多荒诞么?所有这些我都承认。的确需要某些批评,需要去除某些矛盾,甚至需要某些真正的改进。可是,有两种不同的批评。

【§18. 内源变革与外源变革。P45】一个语言理论家可以从外部(from outside)研究他的母语,置其语言特质(genius)于不顾,为谋求经济便利或科学精准,提倡对其俗语及发音进行全面变革。这是一桩事情。一个伟大诗人,他"爱母语,受母语滋养",①也会造成母语很大变革,但是他之变化语言本着母语精神:他从内部(from inside)着力。承受改变的语言,也同时激发改变。这是另一桩不同的事情——其不同,相当于莎士比亚作品与基础英语之差异。这是内源变革(alteration from within)与外源变革(alteration from without)之别:是有机生长(organic)与外部手术(surgical)之别。

【§19. 损益与革命。P45—46】同理,"道"允许内源更

---

① 原文为:"*loved, and been well nurtured in, his mother tongue*"。典出约翰·济慈(John Keats,1795—1821)之诗歌 *The Fall of Hyperion*(《海波里昂的陨落》)卷一第 13—15 行:"Since every man whose soul is not a clod / Hath visions, and would speak, if he had loved / And been well nurtured in his mother tongue."

新(development from within)。在真正道德精进(real moral advance)与单纯革新(mere innovation)之间,有一个不同。从孔子之"己所不欲勿施于人",到基督之"己所欲施于人",是个真正精进。尼采之道德则是单纯革新。前者乃精进,因为任何不承认老准则之有效性的人,也就看不到任何理由去接受新准则;而任何接受老准则的人,则会立刻体认到新准则乃是同样原则之延伸。假如他拒斥它,他也是因其过度而不得不拒斥,因其走得太远,而不是因为它完全异质于自己的价值观念。然而,尼采式伦理要能得以接受,除非我们做好准备,准备把传统道德当作一个纯粹错误加以废弃,于是也准备让自己处于为任何价值判断找不到根据之境地。其间之不同相当于,一个人对我们说,"既然你喜欢相对新鲜的蔬菜,你何不自己种菜,以得到完全新鲜之蔬菜?";另一个人则对我们说,"扔掉那菜叶,试着吃一下砖头和蜈蚣。"①

【§20. 正道弘道须有道之人。P47】那些领会"道"之

---

① 这段文字,重现于路易斯的《主观论之毒害》("The Poison of Subjectivism"),文章收入 C. S. Lewis, *Christian Reflections*, edited by Walter Hooper (Grand Rapids: Eerdmans, 1967)。拙译附录将此文全文译出,以供参考。

精神(spirit)并受此精神引导的人,能够沿着此精神所要求的路向,正道弘道。也只有他们才知道路向所在。那些局外人(outsider)对此一无所知。他之变革企图,正如我们已经看见的,本身自相矛盾。他不是通过深入文意,协调文辞。他仅仅是手抓某一文法,此文法因某时某地之偶然碰巧攫取他的注意力,从而将文章全部糟蹋——他还不知道是什么原因。正道弘道(modify the *Tao*)之唯一权威,只能来自"道"本身。孔子说"道不同不相为谋"①之意,就在于此。正因为此,亚里士多德才说,只有那些有良好教养的人,才能有效地研究伦理学:那些败坏之人,那些立身"道"外之人,这一学问之始点隐而不见。② 他可以敌对,但他没

---

① 【原注5】《论语》XV.39。
【译注】《论语·卫灵公第十五》:子曰:"道不同,不相为谋。"朱子注曰:"不同,如善恶邪正之异。"

② 【原注6】《尼各马可伦理学》1095b,1140b,1151a。
【译注】廖申白译注《尼各马可伦理学》(商务印书馆,2003)1095a—b:"我们也不要忽略,在从始点出发的论据同走向始点的论据之间存在着区别。……我们当然应当从已知的东西出发。但已知的东西是在两种意义上已知的:一是对我们而言的,二是就其自身而言的。也许我们应当从对我们而言是已知的东西出发。所以,希望自己有能力学习高尚[高贵]与公正即学习政治学的人,必须有一个良好的道德品性。因为,一个人对一件事情的性质的感觉本身就是一个始点。如果它对于一个人是足够明白的,他就不需再问为什么。而受过良好道德教育的人就已经(转下页注)

有能力批评:他不知道在讨论什么。正因为此,才说"这些不明白律法的百姓是被咒诅的",①才说"信的人不受诅咒"。②

(接上页注)具有或是很容易获得这些始点。至于那些既不具有,也没有能力获得这些始点的人,他们应当听一听赫西俄德的诗句:自己有头脑最好,肯听别人的劝告也不错,那些既无头脑也不肯听从的人,是最低等的人。"

廖申白译注《尼各马可伦理学》1140b:"科学是对于普遍的必然的事物的一种解答。而证明的结论以及所有科学都是从始点推出的(因为科学包含着逻各斯)。所以,科学据以推出的那些始点不是科学、技艺和明智可以达到的。"

廖申白译注《尼各马可伦理学》1151a:"德性保存着始点,恶则毁灭始点。在实践中,目的就是始点,就相当于数学中的假设。所以在实践方面也和在数学上一样,始点不是由逻各斯述说,而是由正常的、通过习惯养成的德性帮助我们找到的。"

① 【原注7】《约翰福音》七章49节。说者此话带有恶意,但文辞之后却有真理(but with more truth than he meant)。参见《约翰福音》十三章51节。
【译注】《约翰福音》七章45—49节:差役回到祭司长和法利赛人那里,他们对差役说:"你们为什么没有带他来呢?"差役回答说:"从来没有像他这样说话的。"法利赛人说:"你们也受了迷惑吗?官长或是法利赛人岂有信他的呢?但这些不明白律法的百姓是被诅咒的。"查中文和合本圣经,《约翰福音》十三章并无51节,疑因版本不同,个别章节划分略有不同所致。

② 【原注8】《马可福音》十六章6节。
【译注】《马可福音》十六章6—8节:那少年人对他们说:"不要惊恐!你们寻找那钉十字架的拿撒勒人耶稣,他已经复活了,不在这里。请看安放他的地方。你们可以去告诉他的门徒和彼得说:'他在你们以先往加利利去。在那里你们要见他,正如他从前告诉你们的。'她们就出来,从坟墓那里逃跑,又发抖,又惊奇,什么也不告诉人,因为她们害怕。"原文与路易斯所引文字略异。

关于非终极问题,一颗开放心灵是有益的(useful);关于理论理性或实践理性之根基(ultimate foundation),一颗开放的心灵就是白痴。假如一个人在这些事情上心灵开放,那就至少请他闭嘴。他对终极目的无缘置喙。立身"道"外,既没有资格(ground)批评道,也没有资格批评其他事情。

【§21. 只有行道方能悟道。P48—49】在具体事例中,决定合法批评到何处为止,生命攸关的常道从何处开始,无疑是桩精微之事。然而,假如我们一味挑战传统道德的任何规诫(precept),要其提供资格证明,仿佛取证任务就在它头上,那么无论如何,我们都立于错误之地。合法的改革者(reformer),努力揭示该规诫与该规诫的一些捍卫者所认为的更为根本的规诫相冲突,或努力揭示该规诫并不真正包含它所声称的价值判断。从不允许"为什么"、"这样做有何好处"、"谁说的"这类直接攻击;不是因为其粗鲁或莽撞,而是因为在这一层次上,根本没有任何价值能自证正当(justify themselves)。假如你坚持此种拷问(trial),那么你将摧毁所有价值,从而也将你自己赖以批评的基础和批评对象一同摧毁。你不可对"道"肆意妄为。服从规诫,我们不可推延,等其资格证明得到验证。只有行"道"者,才能领悟"道"。正是有教养的人,正是君子,也只有正人君子,才能够在道理(Reason)到来之际,认出道理。① 正是保罗,这个法利赛人,这个"就律法的义说我是无可指摘的"的人,才知道律法之缺陷在何处,为何有缺陷。②

【§22. 我关心形而上学,并不关心有神论。P49—50】为避免误解,我可能要做点补充:尽管我本人是个有神论者,而且还是个基督徒,但我在此绝无替有神论辩护之意。我只是论证,假如我们着实要心怀价值,那么我们就必须认为实践理性之终极共识(ultimate platitudes)具有绝对有效性,而予以接受:对这些终极共识抱有怀疑态度,想从一些

---

① 【原注 9】《理想国》402A。
【译注】王扬译注《理想国》(华夏出版社,2012)401e—402a:"当某些东西有缺陷,当它们没有被人制造好,或本身没有生长好,一个在这方面受过必要教育的人会非常敏感地注意到这一点,并且因为他自然地厌恶这些,他一方面会赞扬优秀的事物,欢迎它们,并把它们接入灵魂,从它们那里汲取养料,使自己成为优秀、高尚的人,另一方面,他会自然地讨厌和憎恶丑恶的东西,甚至当他还年轻,还不能理解其中的道理,然而,当道理一到达,他凭内心联系就会立刻认出它,并且会格外地欢迎它,因为他从小就受过如此的培养。"

② 【原注 10】《腓立比书》三章 6 节。
【译注】《腓立比书》三章 5—7 节:就律法说,我是法利赛人;就热心说,我是逼迫教会的;就律法上的义说,我是无可指摘的。只是我先前以为与我有益的,我现在因基督当作有损的。

所谓更为"现实的"基础上重新引入等而下之的价值的任何企图,都是死路一条。至于这一立场是否隐含"道"之超自然源头,这一问题在此非关我心。

【§23. 自然主义者之论调。P50—51】然而,怎能指望现代心灵去满心拥护我们所得出的结论?看上去,我们必须视为绝对的这个"道",不过和其他任何现象一样——是对我们先祖心灵的反思,先祖生活于农业时令之中,先祖甚至有他们的生理。我们已经大体知道这种事物如何产生:我们不久将知道其全部底细:最终我们将能够生产它们。当我们还不知道人类心灵是怎样造出来的时候,我们当然把这一精神遗产(mental furniture)当作"予料"(datum)①加以接纳,甚至当作主子接纳。可是在自然界,许多事物曾一度是我们的主子,现在却成了我们的奴婢。这一曾经的主子,为什么不会?我们征服自然,到了迄今为止一直被称之为人类良知(the conscience of man)这最后一块也最顽固的一块"自然"面前,为什么却出于愚蠢的崇敬而功

---

① datum 为拉丁文,字面意思为"所给予之物"(what is given)。作为哲学术语,意指手头之事的难以否认的某个证据。详参《牛津哲学词典》(上海外语教育出版社,2000)。译为"予料",系直译,亦为突出此词。

亏一篑？你拿一些蒙人的灾难威胁我们,说我们立身"道"外就会如何如何。然而,在我们的漫漫征途上,我们每前进一步,都会受到蒙昧主义者的威胁。而且每一次,都证明那威胁纯是唬人。你或许会说,假如我们立身"道"外,我们就根本不会拥有价值。很好:我们或许还会发现,离开这些价值我们照样一切顺利。让我们把所有关于我们应该做什么的形形色色的观念,仅仅看作一种有趣的心理残余;让我们脱离它们,以便从心所欲。让我们自主决定,人何以为人,并照此塑造他:不是基于那种想象中的价值,而是因为我们要他成为那样。既然我们已经做了环境的主宰,就让我们现在做自身的主宰,并选择我们自身的命运。

【§24. 自然主义者更彻底。P51】这是既有可能的一种立场。那些持有这一立场的人,不像那些半心半意的怀疑者。前者无自相矛盾之咎,而后者则有。因为当后者已经拆穿传统价值之时,仍然期望发现"真正"价值。而前者之立场,则是对价值观念的一揽子拒绝。我需要另一场演讲,来专门思考它。

3

人之废
THE ABOLITION OF MAN

> 随他说得多好听,一旦我到了他家,他准会把我当作奴隶卖掉。
>
> 约翰·本仁①

【§1. 开场:需要重审人征服自然。P53—54】"人征服自然"(Man's conquest of Nature),人们常用此表述来刻画应用科学之进步。"人击败自然",有人很早以前给我的

---

① [英]约翰·本仁:《天路历程》,郑锡荣译,中国基督教协会,2004,第56页。

一个朋友说。这话之语境,有种悲剧之美,因为说者当时病危,是肺结核。"不打紧,"他说,"我知道我是因果律的一部分。无论胜利者一方还是失败者一方,当然都有因果律。但是这不能更改这一事实,还是胜利了。"我选择这一故事作为起点,只是为了说明,我并不愿诋毁在所谓"人的征服"进程中所有真正利好,也不愿诋毁使之可能的所有献身和自我牺牲。交待过后,我必须前去对此概念作略微细致之分析。在什么意义上,人拥有了对自然的逐渐增长的权力(power)?

【§2. 人征服自然意味着一部分人征服另一部分人。P54—55】让我们考虑三个典型事例:飞机,无线电和避孕药。在和平年代,一个文明的共同体里的任何人,都可以花钱来用这些东西。但是严格说来,他这样做,并非在实施自己的或个人的控制自然的权力。假如我花钱让你背着我走,我本人并不因此而身强力壮。我所提及的这三种东西之任一或全部,一部分人都可以不让另一部分人使用——那些销售者,批准销售者,拥有生产原料的人,或制造商。我们所谓的人的权力,究其实,是一部分人所拥有的权力,他们或允许或不允许其他人得其好处。再说,就飞机或无线电所展示的人的权力而言,人既是权力拥有者(possessor),又是承受者(patient)或其臣民(subject),因为他是空袭和宣传的目标。就避孕药而言,在一种悖论的、否定的意义上,已降世为人者施加权力,未来一代则是其承受者或臣民。仅仅借助避孕,他们之存在就被否定;把避孕当作优生手段,未经他们同意,他们就被造为某代人出于自身考虑而选择的那个样子。从这一视点来看,我们所谓的人控制自然的权力,到头来却是一些人施加于另一些人的权力,自然只是其工具(instrument)。

【§3. 人征服自然意味着人征服人。P55—56】抱怨人滥用科学赋予他们的权力,抱怨人以之对付同类,这已是老生常谈。我要说的当然不是这一点。我不是在谈,那种提升德性就能治愈的败坏和滥用。我是在想,所谓的人控制自然的权力,必然通常是且本质上是什么。毫无疑问,原料或工厂公有制或科学研究由集体控制,能够改变这幅图景。然而,除非我们拥有一个世界国家(world state),否则这仍然意味着一个国家凌驾于其他国家的权力。可是,即便在这样一个世界国家之内,或一个民族国家之内,这仍然(大体上)意味着多数人对少数人的权力,以及(具体而言)

政府对民众的权力。① 而长远意义上的权力施加,尤其是优生,必然意味着前一代人对后一代人的权力。

【§4. 权力悖论:人类整体权力递增,个体权力递减。P56—58】最后一点常常得不到充分强调,因为那些写社会事务的作者,还没有学着去效法物理学家,把时间纳入维度之中。为了充分理解人对自然的权力,从而理解一些人对另一些人的权力到底意味着什么,我们在勾画人类图景时,必须加入时间之维,起于其出现之时,迄于其消失之时。每一代人都向其后代施加权力;而且每一代人,因为他改造遗留下来的环境并反抗传统,都抵抗或限制其前代的权力。这就修正了这幅图景,即,不断从传统中获得解放以及对自然进程的不断控制,其结果就是人的权力的持久增进。实际上,假如任何时代借助优生学和科学教育,获取随其所好左右其

---

① 卡尔·施米特和列奥·施特劳斯也意识到此问题。施特劳斯在《〈政治的概念〉评注》中说:

施米特认识到建立"世界国家"的可能性原则上是对人类统一"消费和生产"的完全非政治性参与,他终于问道,"世界经济和技术集中所需要的令人惊恐的权力会落在哪些人身上?"换言之,哪些人将统治这个"世界国家"?"决不能因为相信人类将获得绝对自由,所以让人民选出一个政府管理人民纯属多余,就取消上面那个问题。"(见[德]迈尔:《隐匿的对话:施米特与施特劳斯》,朱雁冰等译,华夏出版社,2002,第202—203页。)

子孙后代的权力,那么,后生之人当然就是这一权力的承受者。他们更脆弱,而非更强壮:尽管我们把更为精妙的机器交他手上,但是我们已经预定了他们如何使用。再假如,而且几乎可以确定的是,如此获得对其后代最大权力的时代,同时也是从传统中获得最大解放的时代,那么,它就会致力于削弱其前代的权力,剧烈程度与削弱后代权力不相上下。而且我们必须谨记,除此之外,后来一代来得越晚——生活时代越接近人类这一物种灭绝之日——极目向前,他们所拥有的权力就越少,因为其臣民将会变得越来越少。毫无疑问,只要人类还幸存,人类作为整体,其所拥有的权力会稳步增长。那最后的人(the last men),与其说是权力之继承者,不如说他将是所有人里,对伟大规划家(planner)和配制师(conditioner)之阴魂最服服帖帖,施加于未来的权力也最小。

【§5. 征服自然乃含混的祝福。P58】鼎盛时代的真实图景是——让我们假定公元后100世纪——它最为成功地反抗此前所有时代,也最势不可当地主宰此后所有时代,因而是人类这一物种的真正主宰者(master)。然而,在主宰者这一代(其本身是人类这一物种中极少的少数)之内,施加权力者将会是更少的少数。假如许多科学规划家美梦成真,"人征服自然"就意味着几百个人对亿万人之统治。在"人"(Man)这一方,那里没有也不会有权力的单纯增加。人所赢得(*by* man)的每一新的权力,同时也是凌驾于人上(*over* man)的权力。任何一个进步,既使他更强壮,也使他更脆弱。在每一次胜利中,他是凯旋将军,但同时也是尾随凯旋车队的囚徒。

【§6. 自然的将被征服的最后一块领地:人性本身。P58—59】我并不想这类含混胜利之总体后果是好是坏。我只是想弄明白,人征服自然到底意味着什么,尤其是想弄明白,那可能并不遥远的最后阶段的征服,到底意味着什么。当"人"借助优生学、借助胎教,借助基于实用心理学的教育和宣传,已经获取对自身的全面控制之时,那最后阶段就来了。人性(*Human* nature)将是自然之中,最后臣服于"人"的一片地域。这场战争那时就获得胜利。我们将"从命运女神①手中拿走生命之线",并因此随我们所愿而去织

---

① 原文为 Clotho,希腊神话中命运三女神之一。这三位女神是宙斯(Zeus)和公义女神特弥斯(Themis)的女儿,这三位掌管万物命运的女神分别是:克洛托(Clotho)、拉哲西斯(Lachésis)、阿特罗波斯(Atropos)。最年轻的克洛托掌管现在,中年的拉哲西斯掌管过去,年老的阿特罗波斯掌管未来与死亡。她们不断地纺着命运的纱轮,克洛托将羊毛线放上纱轮,拉哲西斯卷动纱轮纺线并量出长度,最后阿特罗波斯将纺出的命运之线剪断,代表生命的终结,即使是天父宙斯也不能违抗她们的安排。

造我们这一物种。这场战争的确将获得胜利。可是,说准确点,将会获胜的到底是谁?①

【§7.古教育家与今配制师。P59—60】因为恰如我们已经看见的那样,"人"的这种随其所好塑造自己的权力,意味着一些人随其所好塑造另一些人。在所有时代,毫无疑问,育儿及庭训在某种意义上都是尝试实施这一权力。而我们必须展望的那个处境,将在两个方面前所未闻。其一,这一权力将剧增。迄今为止,教育家之规划,只完成了他们所企图的很小一部分。而且,当我们阅读他们——看柏拉图如何把每个婴儿"交由国家机构秘密抚养"②;埃利

---

① 卡尔·施米特《政治的概念》(刘宗坤等译,上海人民出版社,2004):"如果今天仍有许多人期望技术完善可以促进人道主义和道德的提高,无非由于他们把技术和道德不可思议地扯到一起,其根据乃是一种不乏天真的空想,以为当代技术的辉煌成果只会运用于关乎社会的方面,而且他们自己能够控制这些令人恐怖的武器,掌握这种巨大的力量。但是,技术本身在文化方面——如果我可以这么说的话——依然是盲目的。所以,那些通常可以从精神生活的中心领域获得的结论——无论文化进步的概念、教士或精神领袖,还是特定的政治制度——统统无法从这种纯粹技术论本身当中推导出来。"(第185页)

② 柏拉图主张,妻子儿女之"公有制"。这一点,他坚持终生。在其最后一部著作《法篇》中,他说:"只要还存在属于个人的妻子儿女和房屋财产,我们的纲领就决不可能实现。"(《法篇》卷七565b,王晓朝译本)。由于坚持妻子儿女之"公有制",他在《理想国》里主张,生育要尽量让身强体壮的最好的男人和最好的女人来完成,所生孩子由专门机构(转下页注)

奥特如何让男孩7岁之前不见男人,7岁之后不见女人;[1]洛克如何要孩子们穿薄鞋不要学诗[2]——我们可能会真心感谢地地道道的母亲,地地道道的保姆以及(尤其是)地地道道的儿童之固执,为我们这一物种保全了清醒神智。然而,那些新时代的人类塑造者(man-moulers),其装备将是全能国家和势不可当的科学技术:我们最终将会得到一个

(接上页注)的男女官员抚养。至于最差的男人和最差的女人所生的孩子,则一定不要抚养。他说:"优秀者生了孩子,这些官员会把孩子送到育婴室去,那里有一些保姆,住在城里的某个区中,而那些卑劣者生了孩子,或其他人生下先天有缺陷的孩子,这些官员会秘密地对孩子作专门的处理,这样就不会有其他人知道他们的下落了。"(《理想国》卷五 460c,王晓朝译本)。在柏拉图看来,这样一则可以保证后代之"优秀",二则可以避免家族私情之纠缠。

[1] 【原注1】《统治者之书》(*The Boke Named the Gouernour*)卷一第4章:"除了医师,所有男人不得进入育婴室。"卷一第6章:"孩子到了七岁……最为安全的措施是让他远离女人陪伴。"

【译注】托马斯·埃利奥特爵士(Sir Thomas Elyot,约 1490—1546),英国著名教育家。其主要著作是《被指定为统治者的波克》(*The Boke Named the Gouernour*,1531),简称《统治者之书》(*The Governour*)。

[2] 【原注2】《教育片论》(*Some Thoughts concerning Education*)§7:"我还建议他每天应该用冷水洗脚,他的鞋子应该做得足够薄,以致当他们近水的时候,水应该透得进去。"§174:"如果他本来就有一种诗人气质,那么我认为世间最奇怪的事情则莫过于其父亲还期望或者任由这种气质得到培养、增长。我认为父母们应该尽力把这种气质的苗头掐灭,把它压制下去。"尽管如此,洛克还是论教育的最明智的作者。

【译注】以上引文均采自熊春文译《教育片论》(上海人民出版社,2005)

配制师种族(a race of conditioners),他们的确能够把所有后代雕凿成他们所喜欢的样子。

【§8. 古教育有道今教育无道。P60—61】第二个不同甚至更为重要。在老的系统中,教师所期望培养出来的那种人以及他们培养他的动机,都为"道"所规定——教师本身臣服于这一规范,他们也没有脱离这一规范的自由。他们并不把人雕凿成他所选择的那种式样。他们传承他们所接受的:他们启发(initiate)新手步入人文堂奥(the mystery of humanity),这一堂奥君临他及他们。恰如老鸟教幼鸟习飞。这将被改变。价值如今只是自然现象(mere natural phenomena)。在学生身上,价值判断将会作为配制过程(conditioning)的一部分而得以生产。无论有何种"道",都将作为教育产品,而不是教育动机。配制师全然不受"道"之约制。这是他们征服的大自然的又一地域。对他们来说,人类行为的终极源泉不再是既定之物(something given)。这些终极源泉已经投降——就像电力:配制师之功用是控制它们,而不是服从它们。他们知道如何去制造(*produce* conscience),并且决定他们将制造何种良知。他们自己置身事外(outside),高高在上(above)。因为我们是在设想，人类征服自然的最后阶段。已经赢得了最后胜利。人性已被征服(has been conquered)——而且当然也已经完成征服(has conquered)，不管征服一词现在负荷何种意义。

【§9. 配制师变为"道"的制造者。P61—62】于是，出于他们的良善理由，配制师将会选择人造之"道"，并在人类中间生产此"道"。① 他们是启动者(motivators)，动机的创造者。然而，他们将如何启动自身？

【§10. 配制师注定无根。P62】曾几何时，他们依靠自己心灵中一息尚存的古老的"自然"之道，启动自己。于是，他们起始可能把自己看作是人性之奴仆和卫士，而且认为他们有"义务"为人性做"功德"。然而，他们能够保持这一状态，仅仅是由于糊涂。他们认识到，义务观念是他们现在能够控制的某一进程的结果。他们的胜利恰恰在于，脱离他们照此进程行事的状态，进入控制此一进程的状态。现在，他们不得不做出决定的一件事就是，他们是否还要如

---

① 古人常言"传道授业解惑"，常言"先师有遗训忧道不忧贫"，常言"铁肩担道义"。今人喜谈建构价值观。艾伦·布鲁姆在《美国精神的封闭》(战旭英译，译林出版社，2007)中指出，把善恶变成价值，把道德变成"价值观"，无异于取消道义。因为："'价值'一词意味着善恶信仰是极其主观的，这有助于人们以放松的心情寻求惬意的自我保存。"(第96页)

此配制我们其余人,以至于我们是否可以继续心怀古老的义务观以及对义务的古老反应。义务(duty)如何帮助他们做出决定？义务本身在接受审讯:它不可能同时也是审判官。而且"善"(good)的命运也没有好到哪里。他们相当熟悉如何在我们中间制造一打不同的"善"的概念。问题是,假如他们要制造,制造哪一个。没有任何"善"的概念能够帮助他们决定。青睐他们正在比对的事物之一,把它拿来作比较标尺,荒诞不经。

【§11. 征服人性意味着人之废。P63】在有些人看来,我在制造人为难题刁难我的配制师。另一些头脑更简单的批评家可能会问我,"为什么你把他们假想得那样坏？"然而,我并没有把他们假想为坏人。毋宁说,他们根本不是人(在古老意义上)。他们可以说牺牲了他们自己在传统人性中的份额(share),为了献身于决定"人性"(Humanity)未来走向的任务。"好"与"坏",用在他们身上,乃没有内容的语词:因为正是从他们那里,这些语词才得以发源(to be derived)。他们的困难也不是人为的(factitious)。我们可以假定,这样说是可能的:

> 毕竟,我们绝大多数人都或多或少想要同样事物——饮食男女,消遣,艺术,科学,以及个体及物种之长寿。就让他们说"这就是我们碰巧喜欢的",让他们继续以最可能产生它的方式配制人。这有问题吗?

然而这么说也不管用。首先,说我们都喜欢同样事物,言之差矣。即便我们都喜欢同样事物,什么动机会激励配制师疾乐如仇自苦为极,①以使我们以及后世能够拥有自己所喜欢的?难道是他们的义务?然而义务就是"道",是他们决定强加于我们之上的,对他们本人无效。假如他们接受了它,那么他们就不再是良知之制造者,而依旧是它的臣民,他们对自然的最终征服就没有真正发生。难道是保全物种在激励他们?可是为什么物种应当被保全?他们面前的一个问题是,他们对后世的这种感情(他们相当明白这种感情怎样产生),是否还要继续。无论他们往回走多远,往下走多深,他们都找不到藉以立足的根据。他们藉以行事

---

① 原文为 to scorn delight and live laborious days,典出弥尔顿《利西达斯》(Lycidas,1637)第72行。参汉语嫉恶如仇、自苦为极之语意译。

的每一动机,立即成为丐题①。不是说他们是坏人。他们根本就不是人。步出"道"外,他们就步入虚空(void)。他们的臣民也并非必然就是不幸的人。他们也不是人:他们是人工制品。人之最后征服,被证明是人之废(abolition of Man)。

【§12. 配制师之可靠动机只有我行我素。P65—66】
然而配制师终会行动。当我方才说所有动机都会辜负他们时,我应当说,所有动机但一个除外。除了他们某给定时刻感受到的情绪压力的所形成的动机,那些声称有效的所有动机都会辜负他们。所有动机都被解释致死(explained away),除了"我行我素"。② 因为它从未声称客观,主观论也就对之无能为力。那些消解了正义、荣誉和关心后世的溶剂,却溶解不了我发痒时的挠痒痒冲动,我爱打探时的嚼舌

---

① 丐题(question-begging,又译为"乞求论题")是一种典型的逻辑谬误,就是"在证明论题的努力中,却又假定了所要寻求证明的论题"。简言之,就是先假定命题 X 为真,后证明 X 为真。详见本书第一章第 11 段译者注。

② 原文为拉丁文:*Sic volo*,*sic iubeo*,意为 This I will, this I command。典出 Juvenal 之《讽刺诗》(*Satire*)卷四第 223 行。全句为 *Sic volo*, *sic iubeo*; *sit pro ratione voluntas*,意为:This I will, this I command; let [my] will takes Reason's place.

冲动。所有说"善哉"(it is good)的都被拆穿了,那个"我就要"(I want)的却留了下来。它不可能被推翻或"看透"(see through),因为它从无主张。因此,配制师之最后动机必然是其一己之乐。我在此并不是在说权力导致腐败,也不是忧心忡忡于权力会使配制师堕落。腐败和堕落二词隐含价值教义(doctrine of value),因而在此语境中毫无意义。我要说的是,那些站在价值判断之外的人,除了冲动的情绪力量(emotional strength)之外,他们找不到任何理由对自身冲动厚此薄彼。

【§13. 配制师之极端理性主义最终只会走向非理性。P66—67】我们可以合理期待,在发于心灵却全无"合理"动机或"属灵"动机的那些冲动之中,一些还是仁爱的(benevolent)。我自己则甚为怀疑,那些仁念(benevolent impulses),一旦被剥夺"道"教导我们给予它们的那种取舍(preference)和激励(encouragement),只留下作为心理事件的自然力量和发生频率,那时还有多大影响。我更怀疑,历史是否给我们显示了这么一个人,他走出传统道德并获取权力之后,还满怀仁心地运用此权力。我更倾向于认为,配制师将憎恨被配制者。尽管他们认为,他们在我们这些臣民身上所制造的人造良知(artifical conscience)只是幻象，但是他们也会认为，这人造良知却为我们的生命创造了一种意义幻象，这一意义幻象使得他们自己的生命相比之下毫无意义(futility)：于是恰如太监嫉妒我们，他们也会嫉妒。然而我不会坚持这一点，因为它仅属猜测。不是猜测的是，我们对于"配制"的幸福的希望，也依赖于通常所谓的"机缘"(chance)——仁念总体上主宰了我们的配制师的那个机缘。因为，舍却"仁爱是善"这一判断——也即不重新引入"道"——他们就不可能有根据去奖掖(promoting)或固定(stabilizing)此冲动而非彼冲动。根据他们所取立场的逻辑，他们必然是来了哪些冲动就选哪些冲动，看机缘了。这里，机缘就意味着自然。配制师之动机，将来自遗传、消化、天气以及观念之联合。他们的极端理性主义，因"看透"(seeing through)所有"合理"冲动，使得他们成为行为完全非理性的生物。假如你不想服从"道"，又不想自杀，那么，服从冲动(因而往远一点说，服从自然)，就是敞开的唯一一条路。

【§14. 人完全征服自然即自然完全征服人。P67】于是，人完全战胜自然之时，我们发现，整个人类臣服于一些个人，而这些个人则臣服于他们自身的纯自然——臣服于他们的非理性冲动。自然，逍遥于价值之外的自然，统治着配制师，再藉他们统治全人类。人征服自然，在其巅峰时刻，到头来却是自然征服人。我们看起来所赢得的每一场胜利，一步一步地，把我们引向这一结局。自然表面上的败退，实质上却是战略撤退。我们自以为乘胜追击，却是她诱敌深入。我们眼中的举手投降，实际却是把我们永远纳入怀抱之双臂。倘若那全面规划从新配制的世界（其中的"道"仅仅是规划之产物）付诸存在，那么，对于自然，再也没有百万年之前就起身造反的倔强物种，给她制造麻烦；真理、仁慈、美以及幸福的片言只语，也不再惹她烦心。"征服者反被征服"①：假如优生学确实奏效，那么将不会有第二轮造反；所有人都将蜷伏于配制师之下，而配制师蜷伏于自然之下，直到月亮不再升起，直到太阳不再炙热。

【§15. 何谓征服自然。P68—71】假如我的观点以另一不同的方式表述，对有些人可能会更清晰一些。自然一

---

① 原文为拉丁文：*ferum victorem cepit*。典出罗马诗人贺拉斯的名言："*Grecia capta ferum victorem cepit*"，意为希腊人被罗马人的铁骑征服，却用自己的文化征服了罗马。

词,具有多种不同意涵。其形形色色的反义词,最能帮助我们理解这一点。自然(the Natural)的反义词是人工(the Artificial)、人文(the Civil)、人性(the Human)、属灵(the Spiritual)以及超自然(the Supernatural)。人工在此与我们不相干。假如我们看看这个清单上其余的反义词,我想,我们对人们用自然一词意指什么以及其对立面是什么,就能大致心中有数。自然好像就是囿于时空(spatial and temporal),区别于少受或不受时空囿限。她好像是数的世界(the world of quantity),对立于质的世界(the world of quality);物的世界(of objects)对立于意识世界;受约束的世界对立于全然或部分自治的世界;对价值一无所知的世界,对立于拥有价值且感知价值的世界;动力因的世界(或者,依照一些现代体系说,根本没有因果的世界),对立于目的因的世界①。现在我认为,在对一事物做解析(analytical understanding)之后,我们就能够为我们自己的方便,掌控

---

① 亚里士多德认为,任何事物的产生和存在都不过出于四个原因:质料因,形式因,动力因和目的因。比如一座房屋,砖瓦木石即其质料因;设计图纸即其形式因;建筑师即其动力因;建造理由即其目的因。参见亚里士多德《物理学》第二章第三节。

和利用它。这时,我们就把它降到"自然"水平。"自然"的意思就是,我们悬置关于它的价值判断,无视目的因(假如有目的因的话),并根据"量"看待它。压抑我们可能会全然反对的事情中的一些因素,有时候极为引人瞩目或令人痛苦:在解剖室,在我们剖开死人或活体动物之前,要克服好些东西。这些对象抵抗心灵活动,抵抗我们借以把它们强行塞入单纯自然世界(the world of mere Nature)的心灵活动。在其他事例中,我们也为我们的分析知识(analytical knowledge)及操控力量(manipulative power)付出同样代价,尽管我们已经不再计算代价。当我们把树砍成木材,它就不再是德律阿德斯(Dryads)①,也不再是美的对象:第一个这样做的人痛楚地感受到代价,维吉尔和斯宾塞笔下的流血的树,可能是那种元初的不敬感的遥远回声。② 伴随天文学之发展,星星失去神性;濒死之神灵(Dying God),在化学农业中无立足之地。对很多人而言,这一进程只是,人们逐渐发现真实世界原来不同于我们所期望的世界。对他们而言,对伽利略或"盗尸贼"(body-

---

① 希腊神话中的树神。
② 《纳尼亚传奇·最后一战》里也有这样的一幕。

snatcher)①的古老反对,纯粹就是蒙昧主义。然而这还不是故事之全部。并不是最伟大的现代科学家们信心满满地认定,去除其质的特征(qualitative properties)还原至纯粹的量,一个对象才显出真面目。是半吊子科学家以及半吊子的不懂科学的科学追随者,才这样想。伟大心灵深知,如此看待对象,乃人为抽象,对象之真实性(reality)丧失殆尽。

【§16. 征服自然之结果乃自己沦为自然物。P71—73】从这一视角看,征服自然就有了新面孔。我们把事物还原为纯粹自然(mere Nature),为了使我们能够"征服"她。我们常常征服自然,因为"自然"就是已在某种程度上为我们所征服的事物的代名词。征服的代价就是,把事物看成是纯粹自然。对自然的每一次征服,都增加了她的分量。星星不是自然,直至我们称量并度量它们;灵魂不是自然,直至我们能够对她做心理分析。从自然手中夺取权力,同时也是将事物乖乖交给自然。只要这一进程还在最后阶段之前,我们或许还会勉强认为得大于失。然而一旦我们

---

① 路易斯这里用了一个比喻,喻指尸体解剖室里的外科医生。

走出最后一步,把我们这一物种还原到纯粹自然(mere Nature)水准,整个进程就显出其荒唐愚蠢,因为这时,那个坐收其利者和那个付出牺牲者,是同一个人。这类事屡见不鲜,精打细算看似没跑的结论往往荒唐。恰如那著名的爱尔兰人,他发现某种火炉烧去一半柴火,他寻思,两个同样火炉会使他家房屋保持温暖同时又一根柴火都不用烧。这是魔鬼交易(magician's bargain):我们交出灵魂,就给我们权力。然而,我们的灵魂,也即我们的自我,一旦被放弃,那授予我们的权力也就不再属于我们。我们把灵魂交给谁,我们事实上就会成为谁的奴隶或木偶。把自己当作纯粹的"自然物",把自己的价值判断当作任由科学操控的原材料,这是人力所能及的。对他如此做的反对理由,并不在于这一事实,即,这一幕(就像在解剖室的第一天)令人痛苦且令人震惊,直至我们慢慢习惯。那种痛苦和震惊,至多是警告和症状。真正的反对理由是,假如人选择把自己当作原材料,他就成了原材料:并非像他天真想象的那样,成为由自己操控的原材料;操控者是,他的去人化的配制师(his dehumanized Conditioners)所代表的嗜欲(appetite),也即纯粹自然(mere Nature)。

【§17. 非此即彼，不可能脚踩两只船。P73】像李尔王那样，我们曾经想脚踩两只船：放弃我们人类特权，又想同时保留它。这不可能。要么我们做理性的灵（rational spirit），永远有义务服从"道"的绝对价值；要么我们就是纯粹自然，随主人之高兴而被揉捏宰割成新形状，这个主人，遵照假定，除了他们自身的"自然"冲动之外别无动机。只有"道"才为行动提供共同的人性律法（a common human law），这一律法能够君临统治者及被统治者。欲使统治不沦为专制、服从不沦为奴性，对客观价值的教条主义信念，乃必要条件。

【§18. 拆穿家无异于法西斯主义者。P73—74】我在这里所想的，并不只是甚至并不主要是当下我们的公敌。一旦放松警惕将会废除人的这一进程，在共产主义者和民主主义者中间大踏步前进，并不逊色于法西斯主义者中间。只不过其方法之残忍程度可能（一开始）有所不同。然而，我们中间许多带夹鼻眼镜的文绉绉的科学家、许多人气很高的剧作家、①许多业余哲学家，长远来看，所作所为跟德

---

① 暗指萧伯纳。

国纳粹统治毫无二致。传统价值要被"拆穿",人类要被随意雕琢成某些新的形状。所随之意(遵照假定,必然是专断意志[arbitary will]),属于那些学会如何去做的幸运一代里的幸运之人。相信我们可以随兴发明"意识形态",最终把人看作物质、样本、备料——已经开始影响我们的语言。曾几何时,我们杀坏人;如今,我们清算不群分子(unsocial elements)。德性已经变成人格健全(*integration*),勤勉变成了活力(*dynamism*),那有可能担当使命的孩子则成了"干部后备队"。更绝的是,节俭和节制的德性,甚至普通理智(ordinary intelligence),竟然成了销售阻力(*sales-resistance*)。①

【§19. 立身道外,人必然成为一种抽象。P74—75】
用抽象名词"人"(Man),掩盖了这一进程的真正意涵。"人"这一词并不必然就是一种抽象。在"道"本身之内,只要我们仍然居留"道"内,我们发现有血有肉的实在,参与其中就是真正的人:人类真正的共同意志和共同理性,活泼泼地,像树一样生长,伸展枝桠,随情境不同,展现不同的美和

---

① 资本主义的动力在于,产品要被消费。故而,节俭或节制这类美德,显然成了资本主义之阻力。故而,刺激经济增长,就要刺激消费。

尊严。当我们立身"道"内,我们可以说人具有驾驭自己的能力,其意思与个体的自我控制相同。然而,当我们步出"道"外,把"道"仅仅当作主观产物之时,这一可能性也会消失。现在对所有人来说,共同的只是一个抽象的共相(a mere abstract universal),一个最大公约数(H. C. F.)①。人征服自己此时就意味着,配制师对接受配制的人类原料的统治,意味着一个后人类世界(world of post-humanity),几乎所有国家的所有人目前正在努力制造的后人类世界,只不过是有人有心栽花有人无意插柳而已。

【§20. 并非攻击科学而是捍卫科学。P75—76】我之所言,没有一条能阻挡有人认为,这个讲座是在攻击科学。我当然否认这一指控:真正的自然哲学家(现在还有几个在世)将认识到,在捍卫价值之时,我尤其捍卫了知识之价值;假如"道"这条根被割断,这一价值也会和其他任何一种价值一样必然死亡。然而,我还能走得更远一些。我甚至提出,救治药方可能来自科学本身。

【§21. 科学与方术乃孪生子。P76—77】我曾用"魔鬼

---

① 在第一版,路易斯用 L. C. M. (Lowest Common Multiple,最小公倍数),第二版改为 H. C. F. (Highest Common Factor,最大公约数)。

交易"形容这一进程,其中人们将一个又一个物品,最后是他自己拱手让给自然,为了获得作为回报的权力。这并非戏言。科学家成功而术士失败这一事实,给普通思想造成了二者完全对立的印象,从而使得人们误解了科学诞生的真实故事。你甚至会发现有人写十六世纪时,仿佛方术就是中世纪之残余,而科学则作为新生事物登场,将方术一扫而空。那些研究这一时期的人则不会上当。在中世纪,方术很少;十六七世纪,方术如日中天。严肃的方术活动和严肃的科学活动,乃孪生子:一个因病而死,一个则因强壮而发达。但是它们是孪生子。它们生于同一冲动。我承认,一些(当然并非全部)早期科学家由对知识的纯粹的爱所驱动。但是,假如我们思考那个时代的整体气质,就能看到我所说的那个冲动。

【§22. 古代智慧与现代科学。P77】有个东西联结方术和应用科学,又使二者区别于先前时代的"智慧"。对古时智者来说,首要问题是如何让灵魂符合实在,而其解决之途在于知识、自律和德性。对方术和应用科学而言,问题则是如何让实在附从人之想望:其解决之途是技术。二者在实践此技术时,都做好准备去做那些迄今令人恶心及不敬之事:比如挖出并操控死人。

【§23. 现代科学之方术胎记。P77—78】我们比较一下新时代的鼓吹者(培根)和马洛笔下的浮士德,二者惊人地相似。你会在一些批评家那里读到,浮士德有对知识的渴望。实际上,他几乎从未提过。他从魔鬼那里要的不是真理,而是黄金、枪支和女孩。"在安静的两极间活动的一切事物,都将听我指挥","一个灵验的术士就是伟大的天神"。① 在同一精神下,培根咒诅那些把知识当作目的本身而加以珍视的那些人:对他而言,这恰如嗣续繁衍之佳偶,变为寻欢作乐之玩物。② 真正目标是拓展人的权力,完成

---

① 【原注3】《浮士德博士的悲剧》(*Dr Faustus*)第77—90行。

【译注】Dr Faustus 即英国著名剧作家,英国悲剧之父克里斯多夫·马洛(Christopher Marlowe)的著名戏剧,其全名为 *The Tragical History of Doctor Faustus*。戴镏龄译《浮士德博士的悲剧》(作家出版社,1956)第一场,写浮士德在书房里,决定终身志业。他先后排除亚里士多德的形名之学、医学、法学、神学,最终选择了方术。浮士德对自己说:"术士们的这些方术以及 / 这些魔书,才妙不可言;/线,圈,图,字母和符号,/啊,这些浮士德才一心贪恋。/哦,一个充满何种利益、乐趣、/权力、荣誉、和全能的世界,/已摆在一个肯用功钻研的技艺家的面前啊! / 在安静的两极间活动的一切事物,/都将听我指挥。皇帝和国王,/只是在自己的境内发号施令,/ 既不能呼风,也不能撕碎层云; / 可是他的统治却远远超过这些,/ 凡人的想像所及都无不在他统治的范围以内。/ 一个灵验的术士就是伟大的天神;/浮士德,绞尽脑汁取得神的身分吧!"

② 【原注4】*Advancement of Learning*, Bk I (p. 60 in Ellis and Spedding, 1905; p. 35 in Everyman Edition). (转下页注)

所有可能之事。他拒斥方术,是因为它不管用;①但是他的目标却是方士之目标。在帕腊塞尔苏斯(Paracelsus)②身上,方士和科学家之品格兼有。无疑,那些现代科学的真正奠基者,常常爱真理胜过爱权力。在每一个鱼龙混杂的运动中,其功效都来自于其中好的因子,而不是来自坏的因

(接上页注)

【译注】培根的 Advancement of Learning 有两个中译本,一个名曰《崇学论》(关琪桐译,商务印书馆,1938),一个名曰《学术的进展》。译者查考的是关琪桐先生之译本《崇学论》。培根认为,学问有若干"错误",其中"最大的错误,还在于误解了,或误置了知识的最后目的"。这种误解或误置,就是为求知而求知。关于知识的目的,培根说:"我的意思,并不如苏格拉底所说的,要把哲学从天上招下来,使她从事于地上的事务,把自然哲学撇在一边,专把知识应用在伦理同政治上。不过因为上天同下地都能互相为用,助进人生的实用,增加人生的利益,所以我们不论在自然方面同政教方面,都应当撇除排斥那些虚妄的观察,同空虚飘渺的意见;只把实在的有效的东西加以保存,加以扩大。这样,我们的知识,便不像一个娼妇似的,专来供人享乐,助人的虚荣,亦不像一个女仆似的,专来经营操作,以供主人的使用;这样,我们的知识,便只同一个佳偶似的,不但可以嗣续繁衍,且又可以慰人心怀。"(《崇学论》第34页)

① 【原注5】《新工具》(Filum Labyrinthi)卷一。

【译注】培根在《新工具》(许宝骙译,商务印书馆,1984)卷一第3则:"人类知识和人类权力归于一;因为凡不知原因时即不能产生结果。要支配自然就须服从自然。"第5则:"着眼于事功的自然研究是为机械学家、数学家、医生、炼金家和幻术家所从事者;但都(如现在的情况)努力甚微,成功亦少。"

② 帕腊塞尔苏斯(Paracelsus,1493—1541),瑞士化学家,医生,医学化学奠基人。采用毒剂作为药物。参[英]亚·沃尔夫《十六、十七世纪科学、技术和哲学史》(周昌忠等译,商务印书馆,1997)之"人名索引"。

子。可是，坏的因子的出现，与其功效之方向并非无关。说现代科学运动带有其胎记，这可能太过分。可是我想，说它诞生于一个不健康的环境和一个不吉利的时刻，应当没多大问题。其胜利可能来得太快，其代价也可能太高：重新审思，以及悔改之类，可能正好需要。

【§24. 解释自然但不解释致死。P78—79】那么，是否有可能设想一种新的自然哲学（Natural Philosophy）①？它由于一直清醒意识到，分析和抽象出来的"自然客体"并非实在而仅仅是一种观点，故而它能一直纠抽象之偏。我几乎不知道我在请求什么？我听到一些传闻，说歌德探索自然之路径值得更全面的借鉴——甚至斯坦纳博士②可能

---

① 《牛津哲学词典》（上海外语教育出版社，2000）解释"自然哲学"（Naturphilosophie）："指探讨自然史（natural history，又译博物学）的哲学路径。大盛于18世纪末19世纪初之德国，代表人物有赫尔德（Herder）、歌德、谢林、黑格尔及解剖学家奥肯（Lorenz Oken, 1779—1851）。其先驱为亚里士多德。这一路径汲取了康德（及亚里士多德）的物种与生物之中有一种进步和目的这一观点，但却忽视了康德防范人类理性之虚妄的努力。其结果是，将植物学及生物学观察与无拘无束的哲学理论混杂在一起，大多最终是将自然视为一个尊卑有等的秩序，其中人为万物之灵。"路易斯心目中的自然哲学，应当是指"康德防范人类理性之虚妄的努力"相一致的自然哲学。

② 斯坦纳（Rodulf Steiner, 1861—1925），奥地利出生的科学家、歌德全集标准版的编辑者，灵智学（又译人智学）之创始人。他当（转下页注）

已经看到某些正统研究者忽视的东西。我心目中再生的科学,甚至对矿物和植物,也不做现代科学威胁着要做到人自己身上的事情。它解释,但不解释致死(explain away)。当它谈论部分时,它谨记整体。当它研究"它"(It),不会丢掉马丁·布伯所说的"你之情境"(*Thou*-situation)。① 比对人道(the *Tao* of Man)与兽类本能,对它则意味着向本能这一未知之物投下一丝光亮,光亮来自对良知之实在(reality of conscience)的深切体认,而不是来自把良知还原回本能范

(接上页注)时称之为"精神科学"。他认为存在着灵界,纯粹思维可以理解灵界,因此他试图培养不依靠感觉的灵性感知力。他在1912年创立灵智学会,现其总部设于瑞士多尔纳赫。(参《不列颠百科全书》第1卷370页 anthroposophy 词条及第16卷第197页 Steiner 词条)

① 马丁·布伯在《我与你》一书中指出,对人来说,世界是双重的(twofold)。这取决于人之双重态度。人之态度又取决于人言说所用的"原初词"(the primary words)。原初词有二:其一是"我—你"(I-Thou);其二是"我—它"(I-It)。

之所以叫做原初词,是因为"没有孑然独存的'我',仅有原初词'我—你'中之'我'以及原初词'我—它'中之'我'。"更是因为,两种原初词唤出两种不同国度:"它之国度"(realm of *It*)与"你之国度"(realm of *Thou*)。前者为经验世界,后者为关系世界。在前者之中,我处理某物;在后者之中,我与你相遇。在前者之中,它是物;在后者之中,你是人。本真之世界与本真之人生,由原初词"我—你"呼唤而出。

详见[德]马丁·布伯:《我与你》,陈维刚译,三联书店,1987。或可参见 Martin Buber, *I and Thou*, trans. Ronald Gregor Smith, 中国社会科学出版社,1999。

畴。其追随者将不会随便乱用"只不过"(only)或"仅仅是"(merely)。概言之,征服自然但同时却不被自然征服;它购买知识,但不会以生命为代价。

【§25. 你不能全都看透。P80—81】也许,我在请求不可能之事。也许,就其本性而言,解析(analytical understanding)必然一直是个蛇怪(basilisk)①,它会杀死所见之物,而且只有杀死才能看到。在此目光抵达共同理性(the common Reason)并将其杀死之前,假如科学家自己不能阻止此一进程,那么其他人则必须阻止。我最怕的是这一回应,即,我只是"又一个"蒙昧主义者,而这一障碍,像其他先前为科学进步所设立的其他障碍一样,可以安全越过。这种回应发源于现代想象中的致命的序列主义(serialism)——无限的单线进步的影像在我们的心灵之中萦绕不去。因为我们不得不如此频用数字,以至于我们看待任何进程,都倾向于认定它就像数字序列,其中每一步永生永世都和前一步属于同一种类。我请你谨记那个爱尔兰人和他的两个炉子。② 有一种进步,其中最后一步"自成一

---

① 古典神话传说中的蜥蜴状妖怪。
② 故事见本章第16段。

格"——与之前诸步不相类,走尽全程便是让你先前心血白费。把"道"还原为纯粹自然产物,就是这样一步。抵达顶点之前,那种解释事物就致其死命的解释,也可能会给我们一些东西,尽管代价惨重。然而,我们不能把"解释致死"(explaining away)持续到永远:你将会发现你会把解释本身解释致死。你不能把"看透"持续到永远。看透某物之全部意义在于,透过它看见某物。窗户透明当然是好事,因为窗外街道和花园不透明。假如你也"看透"了花园,会怎样?尝试"看透"第一原理,毫无益处。假如你看透任何事物,任何事物就都是透明的。然而,一个全然透明的世界,是一个不可见的世界。"看透"所有事物,与闭眼不看一模一样。

4

附录:道之例证

Appendix: Illustration of The Tao

【译按】在本附录中,路易斯征引来自不同文化背景的大量文献以证"道",以否证文化相对主义之流行论调。引文有直接征引,有间接征引。间接引文大多出于《宗教与伦理百科全书》(Encyclopedia of Religion and Ethics)卷五。不敢妄译,但又无法全部找到这些著作之中译本。故附上原著英文,中英对照,以便诸君斧正。凡能找到原著中译本的引文,均加译注,标明出处,以便诸君查勘;部分引文后面的随文夹注,亦改为原著的中译本。

我并非专业历史学者,下列对天理(the Natural Law)之例证,由手头现有资料搜集。这一清单,无意求全。你将会注意到,征引洛克和胡克①这些基督教传统之内作家时,同时也征引《新约》。假如我们企图为"道"搜集相互独立之证据,这当然显得荒唐可笑。然而:

(1) 我并不企图藉一致同意(common consent)论证其有效性。其有效性不可化约(reduced)。对那些从未感知其合理性(rationality)的人来说,普遍同意也不能证其有效性。

(2) 搜集相互独立之证据这一观念预设了,世界上诸多"文明"之兴起相互独立;甚至预设,人类在此星球之出现相互独立。卷入此类预设的生物学和人类学,极为可疑。毫无疑问,历史上曾经(此乃题中应有之义)有过不止一种文明。至少还值得探讨的是,我们发现每一文明,来自另一文明,最后来自于同一中心——就像传染病或使徒之前赴

---

① 理查德·胡克(Richard Hooker,1554—1600),文艺复兴时期英国神学家。其多卷本著作《教会政治法规》乃英国圣公会之基石,他亦因此成为16世纪最重要的英格兰神学家之一。参《不列颠百科全书》第8卷156页。

后继。

The following illustrations of the Natural Law are collected from such sources as come readily to the hand of one who is not a professional historian. The list makes no pretence of completeness. It will be noticed that writers such as Locke and Hooker, who wrote within the Christian tradition, are quoted side by side with the New Testament. This would, of course, be absurd if I were trying to collect independent testimonies to the Tao. But (1) I am not trying to prove its validity by the argument from common consent. Its validity cannot be deduced. For those who do not perceive its rationality, even universal consent could not prove it. (2) The idea of collecting independent testimonies presupposes that 'civilizations' have arisen in the world independently of one another or even that humanity has had several independent emergences on this planet. The biology and anthropology involved in such an assumption are extremely doubtful. It is by no means certain that there has ever (in the sense required) been more than one civilization in all history. It is at least arguable that every civilization we find has been derived from another civilization and, in the last resort, from a single centre —'carried' like an infectious disease or like the Apostolical succession.

一、一般善行
The Law of General Beneficence

1. 惩恶(NEGATIVE)

"我没有杀人"①(古埃及人。正直灵魂之告白。《亡灵书》,见《宗教与伦理百科全书》卷五478页)

'I have not slain men.' (Ancient Egyptian. From the Confession of the Righteous Soul, 'Book of the Dead', v. *Encyclopedia of Religion and Ethics* [= *ERE*], vol. V, p. 478)

"不可杀人。"(古犹太人。《出埃及记》20:13)

'Do not murder.' (Ancient Jewish. Exodus 20:13)

"不可恐吓人,否则神会恐吓你。"(古埃及人。普塔霍

---

① 文爱艺译《古埃及亡灵书》(吉林出版集团,2010),第9页。

特普格言。H. R. 霍尔《近东古代史》,第 133 页脚注)

'Terrify not men or God will terrify thee.' (Ancient Egyptian. Precepts of Ptahhetep. H. R. Hall, *Ancient History of the Near East*, p. 133n)

"在地狱我看见……有的人曾经杀害无辜。"①(古北欧人。《女占卜者的预言》第 38、39 节)

'In Nástrond (= Hell) I saw... murderers.' (Old Norse. *Volospá* 38, 39)

"我没给任何人带来苦难。没有成天过分地驱使工人为我劳动。"②(古埃及人。正直灵魂之告白。《百科全书》卷五 478 页)

'I have not brought misery upon my fellows. I have not made the beginning of every day laborious in the sight of

---

① 诗见石琴娥、斯文译《埃达》(译林出版社,2000)。译文略有改动。《女占卜者的预言》第 38、39 节所描写的地狱景象:"地极目远眺四处观望/隐离绰绰有一座殿堂,/远离光芒万丈的太阳,/就在尸骨横陈河岸上。/所有大门都背阴朝北,/毒液从烟洞往下滴淌/那座殿堂的四堵墙壁,/都用毒蛇背脊骨堆垛。//那里的惨象目不忍睹:/在湍急的污泥浊水中,/漂浮着一具一具尸体,/翻滚的形状煞是骇人。/有的生前说过假誓言,/有的人曾经杀害无辜,/还有人勾引他人妻子。/毒龙吮吸着死者鲜血,/恶狼把尸体撕成碎片。"

② 文爱艺译《古埃及亡灵书》(吉林出版集团,2010),第 9 页。

him who worked for me.'(Ancient Egyptian. Confession of the Righteous Soul. *ERE* v. 478)

"我没有拿走神的食物。"(古埃及人。同上)

'I have not been grasping.'(Ancient Egyptian. Ibid.)

"谁人一门心思盘剥,谁将被推翻。"(古巴比伦人。《圣歌》,见《百科全书》卷五445页)

'Who meditates oppression, his dwelling is overturned.'(Babylonian. *Hymn to Samas*. ERE V. 445)

"残暴,诽谤众人者,被认为作风如猫。"①(古印度人。《摩奴法典》卷四第195章)

'He who is cruel and calumnious has the character of a cat.'(Hindu. Laws of Manu. Janet, *Histoire de la Science Politique*, vol. i, p. 6)

"不可杀人。"(古巴比伦人。《圣歌》,见《百科全书》卷

---

① 路易斯所引印度诸条,均转引自法国著名学者雅勒(Paul Janet)的名著《政治学史》(*Histoire de la Science Politique*)。因此书并无中译本,故而本译查考马香雪转译之《摩奴法典》(商务印书馆,1982),以防无据。找到出处者,文后夹注亦改为《摩奴法典》,以便读者诸君查考。未查明出处者,依然沿用路易斯之原注,《摩奴法典》卷四第195章:"打美德的幌子,始终贪得无厌、行诡谲,恶意其人,残暴,诽谤众人者,被认为作风如猫。"

五 445 页)

'Slander not.' (Babylonian. *Hymn to Samas*. ERE v. 445)

"你不可作假见证陷害人。"(古犹太人。《出埃及记》20:16)

'Thou shall not bear false witness against thy neighbour.' (Ancient Jewish. Exodus 20:16)

"不可出口伤人。"(古印度人。雅勒《政治学史》卷一第7页)

'Utter not a word by which anyone could be wounded.' (Hindu. Janet, p. 7)

"他是否……让诚实人妻离子散?强拆连理?"(古巴比伦人。碑刻的诸宗大罪。《百科全书》卷五446页)

'Has he ... driven an honest man from his family? broken up a well cemented clan?' (Babylonian. List of Sins from incantation tablets. ERE v. 446)

"我没有让人挨饿,没有让人哭泣。"[①](古埃及人。《百科全书》卷五478页)

---

① 文爱艺译《古埃及亡灵书》(吉林出版集团,2010),第9页。

'I have not caused hunger. I have not caused weeping.' (Ancient Egyptian. *ERE* v. 478)

"己所不欲,勿施于人。"(古中国人。《论语·卫灵公第十五》,亦见《颜渊第十二》)

'Never do to others what you would not like them to do to you.' (Ancient Chinese. *Analects of Confucius*, trans. A. Waley, xv. 23; cf. xii. 2)

"不要心里恨你的弟兄。"(古犹太人。《利未记》19:17)

'Thou shalt not hate thy brother in thy heart.' (Ancient Jewish. Leviticus 19:17)

"苟志于仁,无恶焉。"(古中国人。《论语·里仁第四》)

'He whose heart is in the smallest degree set upon goodness will dislike no one.' (Ancient Chinese. *Analects*, iv. 4)

2. 劝善(POSITIVE)

"天性促使人们希望合群和聚居,自己也参予其中。"①(古罗马人。西塞罗《论义务》卷一第4章)

---

① 王焕生译《论义务》(中国政法大学出版社,1999)卷一第4章。

'Nature urges that a man should wish human society to exist and should wish to enter it.'(Roman. Cicero, *De Officiis*, i. iv)

"基于根本的自然法,人应该尽量保卫自己。"①(洛克《政府论》下篇第3章)

'By the fundamental Law of Nature Man [is] to be preserved as much as possible.'(Locke, *Treatises of Civil Govt.* ii. 3)

子適卫,冉有仆。子曰:"庶矣哉!"冉有曰:"既庶矣,又何加焉?"曰:"富之。"曰:"既富矣,又何加焉?"曰:"教之。"(古中国人。《论语·里仁第四》)

'When the people have multiplied, what next should be done for them? The Master said. Enrich them. Jan Ch'iu said. When one has enriched them, what next should be done for them? The Master said. Instruct them.'(Ancient Chinese. *Analects*, xiii. 9)

"嘉尔之言,懿尔之行。"(古巴比伦人。《圣歌》,见《百

---

① 叶启芳、瞿菊农译《政府论》(商务印书馆,1996),第12页。

科全书》卷五445页)

'Speak kindness ... show good will.' (Babylonian. *Hymn to Samas*. *ERE* v. 445)

"人类是为了人类而出生,为了人们之间能互相帮助。"①(古罗马人。西塞罗《论义务》卷一第7章)

'Men were brought into existence for the sake of men that they might do one another good.' (Roman. Cicero. *De Off*. i. vii)

"人乃人之福。"②(古北欧人。《高人的箴言》第47节)

'Man is man's delight.' (Old Norse. *Hávamál* 47)

"人求其施与,总要给一些东西。"(古印度人。《摩奴法典》卷四第228章)③

'He who is asked for alms should always give.' (Hindu. Janet, i. 7)

---

① 王焕生译《论义务》(中国政法大学出版社,1999)卷一第7章。
② 诗见石琴娥、斯文译《埃达》(译林出版社,2000)。中译本《高人的箴言》第47节似与路易斯之引文略有出入:"遇良友喜悦胜过发财,人生离不开扶掖帮助。"
③ 马香雪转译《摩奴法典》(商务印书馆,1982)卷四第228章:"不吝惜的人,人求其施与,总要给一些东西;他的施与必会遇到一个足以解除其一切罪恶的受施者。"

"他人之厄岂不关好人之心?"(古罗马人。尤维诺。① 讽刺诗第15首第140行)

'What good man regards any misfortune as no concern of his?' (Roman. Juvenal xv. 140)

"我是人,人类的一切都与我血肉相关。"②(古罗马人。泰伦修)

'I am a man: nothing human is alien to me.' (Roman. Terence, *Heaut. Tim.*)

"爱人如己。"(古犹太人。《利未记》19:18)

'Love thy neighbour as thyself.' (Ancient Jewish. Leviticus 19:18)

"爱他如己。"(古犹太人。《利未记》19:33,34)

'Love the stranger as thyself.' (Ancient Jewish. Ibid.

---

① 尤维诺(Juvenal,亦译尤维纳利、朱文纳尔等等),古罗马诗人。据《不列颠百科全书》(第9卷113页),他是古罗马最后也是最有影响的一位讽刺诗人,约生活于(55或60—约127)。他有十六首《讽刺诗》,每首诗从百余行到六百余行不等,主要讽刺罗马社会的腐化和人类的愚蠢,写得十分优美,充满警句。"愤怒制造诗歌"即是他的《讽刺诗》第一篇中的名句。

② 古罗马剧作家泰伦修(Terence)曾是奴隶,他有名言:"我是人,我认为人类的一切都与我血肉相关。"原文为拉丁文,英译文为:I am a man: nothing human is alien (foreign) to me.

33,34)

"你们愿意人怎样对待你们,你们也要怎样待人。"(基督徒。《马太福音》7:12)

'Do to men what you wish men to do to you.' (Christian. Matthew 7:12)

二、特别善行
The Law of Special Beneficence

"君子务本,本立而道生。孝悌也者,其为仁之本与?"(古中国人。《论语·学而第一》)

'It is upon the trunk that a gentleman works. When that is firmly set up, the Way grows. And surely proper behaviour to parents and elder brothers is the trunk of goodness.' (Ancient Chinese. *Analects*, i. 2)

"兄弟阋墙哪顾手足情谊。"①(古北欧人。世界末日之

---

① 诗见石琴娥、斯文译《埃达》(译林出版社,2000)。《女占卜者的预言》第45节所写的末日景象:"兄弟阋墙哪顾手足情谊,/咬牙切齿非把对方杀掉。/兄妹乱伦悖逆天理纲常,/生下孩子遭人痛骂唾弃。/偷情通奸世上习以为常,/藏污纳垢人间充满淫荡。/如今年代战斧利剑逞雄,/刀锋把盾牌一劈成两爿。/以往岁月暴风恶狼横行,/那是早在世界毁灭以前。/岂有人肯高抬贵手,/轻饶对方一条性命。"

前的罪恶时代之写照。《女占卜者的预言》第45节）

'Brothers shall fight and be each others' bane.'(Old Norse. Account of the Evil Age before the World's end, *Volospá* 45)

"他是否乱伦？"（古巴比伦人。诸宗大罪。《百科全书》卷五446页）

'Has he insulted his elder sister?'(Babylonian. List of Sins. *ERE* v. 446)

"你将会看到，他们关爱血亲以及朋友之子……任劳任怨。"（红肤人。李杰尼，转引自《百科全书》卷五437页）

'You will see them take care of their kindred [and] the children of their friends ... never reproaching them in the least.'(Redskin. Le Jeune, quoted *ERE* v. 437)

"好好爱你的妻子。悦她之心，终生不渝。"（古埃及人。《百科全书》卷五481页）

'Love thy wife studiously. Gladden her heart all thy life long.'(Ancient Egyptian. *ERE* v. 481)

"他为人正直，没有忘记自己与国王的亲情。"[①]（盎格

---

① 陈才宇译《贝奥武甫》（译林出版社，1999）。

鲁撒克逊人。《贝奥武甫》2600 行)

'Nothing can ever change the claims of kinship for a right thinking man.' (Anglo-Saxon. *Beowulf*, 2600)

"难道苏格拉底不爱自己的孩子吗？他很爱自己的孩子。但是，他爱自己的孩子的时候，是作为一个自由的人来爱自己的孩子的，而且永远牢记着，他对神的爱是第一位的。"①(古希腊人。《爱比克泰德论说集》卷三第 24 章 60 节)

'Did not Socrates love his own children, though he did so as a free man and as one not forgetting that the gods have the first claim on our friendship?' (Greek, Epictetus, iii. 24)

"自然亲情乃正当之事，合乎自然。"(古希腊人。《爱比克泰德论说集》卷一第 11 章)②

'Natural affection is a thing right and according to Nature.' (Greek. Ibid. i. xi)

"我们都不应该像一座雕像一样麻木不仁，没有感情，

---

① 王文华译《爱比克泰德论说集》(商务印书馆，2009)，第 432—433 页。
② 查考王文华译《爱比克泰德论说集》(商务印书馆，2009)，未找到对应文句。

相反,我们应该尽力保持与其他人之间建立起来的先天或后天的关系,做一个虔诚的人,[孝顺的]儿子,[友爱的]兄弟,[慈祥的]父亲,[守法的]公民。"①(古希腊人。《爱比克泰德论说集》卷三第2章第4节)

'I ought not to be unfeeling like a statue but should fulfil both my natural and artificial relations, as a worshipper, a son, a brother, a father, and a citizen.' (Greek. Ibid, lll. ii)

"既然如此我给你第一句忠告:对自己至亲你应该无瑕可责。即使他们做出伤害你的事情。"②(古北欧人。《西格德里弗之歌》,第22节)

'This first I rede thee: be blameless to thy kindred. Take no vengeance even though they do thee wrong.' (Old Norse. *Sigdrifumál*, 22)

"难道凡人中只有阿特柔斯的儿子们才爱他们的妻子?一个健全的好人总是喜爱他自己的人,对她很关心。"③(古

---

① 王文华译《爱比克泰德论说集》(商务印书馆,2009),第321页。
② 诗见石琴娥、斯文译《埃达》(译林出版社,2000)。
③ 罗念生、王焕生译《荷马史诗·伊利亚特》(人民文学出版社,1994)。

希腊人。荷马《伊利亚特》卷九第340行)

'Is it only the sons of Atreus who love their wives? For every good man, who is right-minded, loves and cherishes his own.' (Greek. Homer, *Iliad*, ix. 340)

"如果每个人都能对他人保持最亲密的感情,其他人对他同样也表现出巨大的亲切之情,那么人类社会和联盟在这种情况下便可能得到最好的维护。"①(古罗马人。西塞罗《论义务》卷一第16章)

'The union and fellowship of men will be best preserved if each receives from us the more kindness in proportion as he is more closely connected with us.' (Roman. Cicero. *De Off*. i. xvi)

"我们出生不只是为了自己,祖国对我们的出生有所期求,朋友们对我们的出生也有所期求。"②(古罗马人。西塞罗《论义务》卷一第7章)

'Part of us is claimed by our country, part by our parents, part by our friends.' (Roman. Ibid. i. vii)

---

① 王焕生译《论义务》(中国政法大学出版社,1999)卷一第16章。
② 王焕生译《论义务》(中国政法大学出版社,1999)卷一第7章。

子贡曰:"如有博施于民而能济众,何如?可谓仁乎?"子曰:"何事于仁,必也圣乎!"(古中国人。《论语·雍也第六》)

'If a ruler ... compassed the salvation of the whole state, surely you would call him Good? The Master said. It would no longer be a matter of "Good". He would without doubt be a Divine Sage.'(Ancient Chinese. *Analects*, vi. 28)

"你那么聪明,竟然会忘记你的国家比你的父母和其他祖先更加珍贵,更加可敬,更加神圣,在诸神和全体理性人中间拥有更大的荣耀吗?你难道不明白应当比敬重父亲更加敬重国家,应当比消除对父亲的怨恨更加快捷地消除对国家的怨恨吗?如果你不能说服你的国家,那么你就必须服从它的命令,耐心地接受她加诸你的任何惩罚,无论是鞭挞还是监禁,对吗?如果国家要你去参战,你会负伤或战死,但你也一定要服从命令,这样做才是正确的。"①(古希腊人。《克里托篇》51,a,b)

---

① 王晓朝译《柏拉图全集》(人民出版社,2002)卷一。

'Has it escaped you that, in the eyes of gods and good men, your native land deserves from you more honour, worship, and reverence than your mother and father and all your ancestors? That you should give a softer answer to its anger than to a father's anger? That if you cannot persuade it to alter its mind you must obey it in all quietness, whether it binds you or beats you or sends you to a war where you may get wounds or death?' (Greek. Plato, *Crito*, 51, a, b)

"人若不看顾亲属，就是背了真道，比不信的人还不好。不看顾自己家里的人更是如此。"（基督徒。《提摩太前书》5:8）

'If any provide not for his own, and specially for those of his own house, he hath denied the faith.' (Christian. I Timothy 5:8)

"叫他们顺服作官的、掌权的"……"我劝你第一要为万人恳求，祷告、代求、祝谢，为君王和一切在位的，也该如此。"（基督徒。《提多书》3:1及《提摩太前书》2:1,2）

'Put them in mind to obey magistrates.'... 'I exhort

that prayers be made for kings and all that are in authority.' (Christian. Titus 3:1 and I Timothy 2:1, 2)

三、对父母、长上及祖先之义务
Duties to Parents, Elders, Ancestors

"教师是梵天的象征,父亲是造物主的象征,母亲是大地的象征……不尊敬这三者的任何人,其一切善行都无果报……显然这是首要的义务"①(古印度人。《摩奴法典》卷二第 225、234、237 章)

'Your father is an image of the Lord of Creation, your mother an image of the Earth. For him who fails to honour

---

① 路易斯转引之材料,显然是多条并陈,故而与《摩奴法典》略有出入。

马香雪转译《摩奴法典》(商务印书馆,1982)卷二第 225 章:"教师是梵天的象征,父亲是造物主的象征,母亲是大地的象征;胞兄是灵魂的象征。"228 章:"青年要经常在各种情况下做可以博得父母、师长欢心的事情,三者都满意时,一切苦行也就顺利完成而获得果报。"230 章:"因为,他们象征三界、三住期,三圣典和三圣火。"234 章:"尊敬这三者的人,必尊敬其一切义务,而获得其果报;但不尊敬这三者的任何人,其一切善行都无果报。"237 章:"由于只向这三者致敬,圣典和法律对人规定的一切行为就圆满完成;显然这是首要的义务,其它一切义务都是次要的。"

them, every work of piety is in vain. This is the first duty.'(Hindu. Janet, i. 9)

"他是否不孝敬父母?"(古巴比伦人。诸宗大罪。《百科全书》卷五446页)

'Has he despised Father and Mother?' (Babylonian. List of Sins. *ERE* v. 446)

"我孝顺父亲,听从差遣。"(古埃及人。正直灵魂之告白。《百科全书》卷五481页)

'I was a staff by my Father's side … I went in and out at his command.' (Ancient Egyptian. Confession of the Righteous Soul. *ERE* v. 481)

"当孝敬父母。"(古犹太人。《出埃及记》20:12)

'Honour thy Father and thy Mother.' (Ancient Jewish. Exodus 20:12)

"孝敬父母。"①(古希腊人。爱比克泰德之义务清单。

---

① 王文华译《爱比克泰德论说集》(商务印书馆,2009)卷三第7章第25—26节:"我们应尽的责任和义务有三类,第一类只是为了我们的生存,第二类是为了维持具体的生活方式,第三类是指主要的义务本身。……我们应该关心的是我们最主要的东西。这些东西是什么呢?参与公共事务,结婚生子,敬畏神灵,孝敬父母。"(第342页)

见卷三第 7 章)

'To care for parents.'(Greek. List of duties in Epictetus, III. vii)

"儿童,老人,被保护的穷人和病人应被视为太空之主。"①(古印度人。《摩奴法典》卷四第 184 章)

'Children, old men, the poor, and the sick, should be considered as the lords of the atmosphere.'(Hindu. Janet, i. 8)

"在白发的人面前,你要站起来,也要尊敬老人。"(古犹太人。《利未记》19:32)

'Rise up before the hoary head and honour the old man.'(Ancient Jewish. Leviticus 19:32)

"我尊敬长者,为他服务。"(古埃及人。《百科全书》卷五 481 页)

'I tended the old man, I gave him my staff.'(Ancient Egyptian. *ERE* v. 481)

"你会看到他们……关爱长者。"(古埃及人。李杰尼,

---

① 马香雪转译《摩奴法典》(商务印书馆,1982)卷四第 184 章:"儿童,老人,被保护的穷人和病人应被视为太空之主;长兄等于父亲,妻子和儿子有如自己的身体。"

转引自《百科全书》卷五437页)

'You will see them take care ... of old men.' (Redskin. Le Jeune, quoted *ERE* v. 437)

"我没有拿走亡灵之祭品。"(古埃及人。正直灵魂之告白。《百科全书》卷五478页)

'I have not taken away the oblations of the blessed dead.' (Ancient Egyptian. Confession of the Righteous Soul. ERE v. 478)

"慎终追远,民德归厚矣。"(古中国人。《论语·学而第一》)

'When proper respect towards the dead is shown at the end and continued after they are far away, the moral force (te) of a people has reached its highest point.' (Ancient Chinese. *Analects*, i. 9)

四、对子孙后代之义务
Duties to Children and Posterity

"儿童,老人,被保护的穷人和病人应被视为太空之主。"(古印度人。《摩奴法典》卷四第184章)

'Children, the old, the poor, etc. should be considered as lords of the atmosphere.' (Hindu. Janet, i. 8)

"结婚生子。"(古希腊人。义务清单。《爱比克泰德论说集》第三卷第7章第26节)

'To marry and to beget children.' (Greek. List of duties. Epictetus, III. vii)

"你能想象一个伊壁鸠鲁式的城邦吗？……[如果大家都这么做,那么,]我们的世界会变成什么样子呢？城邦的公民从哪里来？谁来教育他们？谁来管理年轻人？谁来训练他们？我们应该教育他们什么？"[1](古希腊人。《爱比克泰德论说集》第三卷第7章第19节)

'Can you conceive an Epicurean commonwealth? . . . What will happen? Whence is the population to be kept up? Who will educate them? Who will be Director of Adolescents? Who will be Director of Physical Training? What will be taught?' (Greek. Ibid.)

---

[1] 本章是爱比克泰德"与信奉伊壁鸠鲁学说的自由城邦的行政长官的对话"。该长官认为,人不应当结婚生子。故而有爱比克泰德此问。见王文华译《爱比克泰德论说集》(商务印书馆,2009)

"(天性)赋予人们对后代的某种特别的爱"及"与自然保持一致的生活是最高的善。"①(古罗马人。西塞罗《论义务》卷一第 4 章及《法律篇》卷一第 21 章)

'Nature produces a special love of offspring' and 'To live according to Nature is the supreme good.' (Roman. Cicero, *De Off.* i. iv, and *De Legibus*, i. xxi)

"特弥斯托克勒斯的胜利只是一次保卫了国家,而梭伦的建议却永远给国家带来好处。"②(古罗马人。西塞罗《论义务》卷一第 22 章)

'The second of these achievements is no less glorious than the first; for while the first did good on one occasion, the second will continue to benefit the state for ever.' (Roman. Cicero. *De Off.* i. xxii)

"后生大可畏。"(古罗马人。尤维诺。讽刺诗第 14 首

---

① 王焕生译《论义务》(中国政法大学出版社,1999);沈叔平、苏力译《国家篇 法律篇》(商务印书馆,1999)。

② 略微详细一点的引文:"特弥斯托克勒斯的胜利只是一次保卫了国家,而梭伦的建议却永远给国家带来好处;这一建议维护了雅典法律。"西塞罗在这里要说的意思是,"处理政务时表现出的英勇并不逊色于战争中的英勇,甚至前者比后者要求付出更大的辛劳和努力。"(王焕生译《论义务》卷一第 22 章)

第47行)

'Great reverence is owed to a child.' (Roman. Juvenal, xiv. 47)

子曰:"后生可畏。"(《论语·子罕第九》)

'The Master said. Respect the young.' (Ancient Chinese. *Analects*, ix. 22)

"最悲哀的是,残杀妇女,尤其是残杀将要成为人民主力的少年男女,……我们深感痛心。"(红肤人。伤膝河之战战争记录。《百科全书》卷五432页)

'The killing of the women and more especially of the young boys and girls who are to go to make up the future strength of the people, is the saddest part … and we feel it very sorely.'(Redskin. Account of the Battle of Wounded Knee. *ERE* V. 432)

五、公义
The Law of Justice

1. 贞节(SEXUAL JUSTICE)

"他是否染指邻家之妻?"(古巴比伦人。诸宗大罪。

《百科全书》卷五 446 页)

'Has he approached his neighbour's wife?' (Babylonian. List of Sins. *ERE* v. 446)

"不可奸淫。"(古犹太人。《出埃及记》20:14)

'Thou shalt not commit adultery.' (Ancient Jewish. Exodus 20:14)

"在地狱我看见……还有人勾引他人妻子。"①(古北欧人。《女占卜者的预言》第 38、39 节)

'I saw in Nastrond (= Hell)... beguilers of others' wives.' (Old Norse. *Volospá* 38, 39)

2. 诚实(HONESTY)

"他是否强侵地界?"(古巴比伦人。诸宗大罪。《百科全书》卷五 446 页)

---

① 诗见石琴娥、斯文译《埃达》(译林出版社,2000)。译文略有改动。《女占卜者的预言》第 38、39 节所描写的地狱景象:"她极目远眺四处观望:/隐隐绰绰有一座殿堂,/远离光芒万丈的太阳,/就在尸骨横陈河岸上。/所有大门都背阴朝北,/毒液从烟洞往下滴淌。/那座殿堂的四堵墙壁,/都用毒蛇背脊骨堆垛。//那里的惨象目不忍睹:在湍急的污泥浊水中,/漂浮着一具一具尸体,/翻滚的形状煞是骇人。/有的生前说过假誓言,/有的人曾经杀害无辜,/还有人勾引他人妻子。/毒龙吮吸着死者鲜血,/恶狼把尸体撕成碎片。"

'Has he drawn false boundaries?' (Babylonian. List of Sins. *ERE* v. 446)

"巧取,豪夺,坑蒙拐骗。"(古巴比伦人。同上。)

'To wrong, to rob, to cause to be robbed.' (Babylonian. Ibid.)

"我没有盗窃。"(古埃及人。正直灵魂之告白。《百科全书》卷五478页)

'I have not stolen.' (Ancient Egyptian. Confession of the Righteous Soul. *ERE* v. 478)

"不可偷盗。"(古犹太人。《出埃及记》20:15)

'Thou shalt not steal.' (Ancient Jewish. Exodus 20:15)

"不义之财,宁失勿得。"(古希腊人。契罗。)

'Choose loss rather than shameful gains.' (Greek. Chilon Fr. 10. Diels)

"正义是给予每个人他应得的部分的这种坚定而恒久的愿望。"[1](古罗马。查士丁尼皇帝《法学阶梯》卷一第1篇)

---

[1] 张企泰译《法学总论:法学阶梯》(商务印书馆,1989)。

'Justice is the settled and permanent intention of rendering to each man his rights.' (Roman. Justinian, *Institutions*, I. i)

"无论土人有何种'发现'(如树上蜂蜜)并做了标记,在本部落人看来,此物就非他莫属,无论他搁置多久。"(澳洲土著。《百科全书》卷五 441 页)

'If the native made a "find" of any kind (e.g., a honey tree) and marked it, it was thereafter safe for him, as far as his own tribesmen were concerned, no matter how long he left it.' (Australian Aborigines. *ERE* v. 441)

"公正的首要责任在于任何人都不要伤害他人,如果自己并未受到不公正对待;其次,在于为了公共利益使用公共所有,为了个人利益使用个人所有。不存在任何天然形成的个人所有,它或是由于古远的占有,例如从前有人去到荒无人烟的地域,或是由于胜利,例如有人通过战争占领某处地方,或是根据法律、契约、协议、阄签等。"① (古罗马人。

---

① 王焕生译《论义务》(中国政法大学出版社,1999)卷一第 7 章。

西塞罗《论义务》卷一第7章)

'The first point of justice is that none should do any mischief to another unless he has first been attacked by the other's wrongdoing. The second is that a man should treat common property as common property, and private property as his own. There is no such thing as private property by nature, but things have become private either through prior occupation (as when men of old came into empty territory) or by conquest, or law, or agreement, or stipulation, or casting lots.' (Roman. Cicero, *De Off*. I. vii)

3. 法庭公义(JUSTICE IN COURT, &.C.)

"不受贿赂……圣神心喜。"(古巴比伦人。《百科全书》卷五445页)

'Whoso takes no bribe ... well pleasing is this to Samas.' (Babylonian. *ERE* v. 445)

"我没有在仆人的主人面前中伤他"[①](古埃及人。正

---

① 文爱艺译《古埃及亡灵书》(吉林出版集团,2010),第9页。

直灵魂之告白。《百科全书》卷五 478 页）

'I have not traduced the slave to him who is set over him.' (Ancient Egyptian. Confession of the Righteous Soul. *ERE* v. 478)

"不可作假见证陷害人。"（古犹太人。《出埃及记》20:16）

'Thou shalt not bear false witness against thy neighbour.' (Ancient Jewish. Exodus 20:16)

"视最熟识之人如不识。"（古埃及人。《百科全书》卷五 478 页）

'Regard him whom thou knowest like him whom thou knowest not.' (Ancient Egyptian. *ERE* v. 482)

"你们施行审判，不可行不义，不可偏护穷人，也不可重看有权势的人。"（古犹太人。《利未记》19:15）

'Do no unrighteousness in judgement. You must not consider the fact that one party is poor nor the fact that the other is a great man.' (Ancient Jewish. Leviticus 19:15)

六、信德

The Law of Good Faith and Veracity

"祭祀被谎言消灭……施与的果报被宣扬的行为消灭。"(古印度人。《摩奴法典》卷四第237章)①

'A sacrifice is obliterated by a lie and the merit of alms by an act of fraud.' (Hindu. Janet, i. 6)

"谁人满口谎言,谁人就对你有害无益:你当视为耳旁风。"(古巴比伦人。《圣歌》,见《百科全书》卷五445页)

'Whose mouth, full of lying, avails not before thee: thou burnest their utterance.' (Babylonian. *Hymn to Samas. ERE* v. 445)

"他是否口是心非?"(古巴比伦人。《百科全书》卷五446页)

'With his mouth was he full of *Yea*, in his heart full of

---

① 马香雪转译《摩奴法典》(商务印书馆,1982)卷四第237章:"祭祀被谎言消灭;苦行的功德被虚荣消灭;寿命被侮辱婆罗门之举消灭;施与的果报被宣扬的行为消灭。"

Nay?' (Babylonian. *ERE* v. 446)

"我没有胡言乱语。"①(古埃及人。正直灵魂之告白。《百科全书》卷五478页)

'I have not spoken falsehood.' (Ancient Egyptian. Confession of the Righteous Soul. *ERE* v. 478)

"不谋阴险的争端,不立虚假的誓言。"②(盎格鲁撒克逊人。《贝奥武甫》2738行)

'I sought no trickery, nor swore false oaths.' (Anglo-Saxon. *Beowulf*, 2738)

子曰:"笃信……"(《论语·泰伯第八》)

'The Master said, Be of unwavering good faith.' (Ancient Chinese. *Analects*, viii. 13)

"在地狱我看见……有的人生前说过假誓言。"(古北欧人。《女占卜者的预言》第39节)

'In Nastrond (= Hell) I saw the perjurers.' (Old Norse. *Volospá* 39)

"有人把事情藏在心里,嘴里说另一件事情,在我看来

---

① 文爱艺译《古埃及亡灵书》(吉林出版集团,2010),第12页。
② 陈才宇译《贝奥武甫》(译林出版社,1999)。

像冥王的大门那样可恨。"①(古希腊人。荷马《伊利亚特》卷九第312行)

'Hateful to me as are the gates of Hades is that man who says one thing, and hides another in his heart.' (Greek. Homer. *Iliad*, ix. 312)

"公正的基础是信诚,亦即对承诺和契约的遵行和守信。"②(古罗马人。西塞罗《论义务》卷一第7章)

'The foundation of justice is good faith.' (Roman. Cicero, *De Off*. i. vii)

"[君子]主忠信"(古中国人。《论语·学而第一》)

'[The gentleman] must learn to be faithful to his superiors and to keep promises.' (Ancient Chinese. *Analects*, i. 8)

"最恨背信又弃义。"③(古北欧人。《高人的箴言》第124节)

---

① 罗念生、王焕生译《荷马史诗·伊利亚特》(人民文学出版社,1994)。
② 王焕生译《论义务》(中国政法大学出版社 1999)卷一第7章。
③ 诗见石琴娥、斯文译《埃达》(译林出版社,2000)。

'Anything is better than treachery.' (Old Norse. *Hávamál* 124)

七、仁慈

The Law of Mercy

"穷人和病人应被视为太空之主。"①(古印度人。《摩奴法典》卷四第 184 章)

'The poor and the sick should be regarded as lords of the atmosphere.' (Hindu. Janet, i. 8)

"为弱者请命……圣神心喜。"(古巴比伦人。《百科全书》卷五 445 页)

'Whoso makes intercession for the weak, well pleasing is this to Samas.' (Babylonian. *ERE* v. 445)

"他是否释放囚徒？"(古巴比伦人。诸宗大罪。《百科全书》卷五 446 页)

'Has he failed to set a prisoner free?' (Babylonian.

---

① 马香雪转译《摩奴法典》(商务印书馆,1982)卷四第 184 章："儿童,老人,被保护的穷人和病人应被视为太空之主；长兄等于父亲,妻子和儿子有如自己的身体。"

List of Sins. *ERE* v. 446)

"我曾给饿者饭吃,给渴者水喝,给裸者衣穿,摆渡无舟济者。"(古埃及人。《百科全书》卷五446页)

'I have given bread to the hungry, water to the thirsty, clothes to the naked, a ferry boat to the boatless.' (Ancient Egyptian. *ERE* v. 446)

"不可苛责妇女。哪怕是用一根草。"①(古印度人。雅勒《政治学史》卷一第8页)

'One should never strike a woman; not even with a flower.' (Hindu. Janet, i. 8)

"你去同女人交手开战,太不光彩真寒碜煞人。"(古北欧人。《哈尔巴德之歌》第38节)

'There, Thor, you got disgrace, when you beat

---

① 《摩奴法典》没有直接对应章句,故而直译。亦有数章可供参考。马香雪转译《摩奴法典》(商务印书馆,1982)卷四第164章:"绝不可因盛怒而举杖打人,除儿子和学生外,决不可责打任何人;可为教育他们而加以惩罚。"第166章:"因盛怒而故意打击他的人,哪怕只用一根草,也要在低贱的动物腹内轮回二十一次。"卷三第56章:"妇女到处受人尊敬则诸神欢悦;但是,如果她们不被尊敬,则一切敬神事宜都属枉然。"57章:"凡妇女生活在愁苦中的家庭,不久就趋于衰灭;但她们未遭不幸的家庭则日见昌盛而诸事顺遂。"58章:"未给予家中妇女以应有的尊敬,而被她们所诅咒的家庭,有如为魔术祭所消灭一样,全部毁灭。"

women.' (Old Norse. *Hárbarthsljóth* 38)

"在德拉布拉部落,一残废女子,自生至死,66年间由部落人轮流照管。"……"他们从不遗弃病人。"(澳洲土著。《百科全书》卷五,443页)

'In the Dalebura tribe a woman, a cripple from birth, was carried about by the tribes-people in turn until her death at the age of sixty-six.'… 'They never desert the sick.' (Australian Aborigines. *ERE* v. 443)

"你会看到,他们关爱鳏寡孤独,从不苛责他们。"(红肤人。《百科全书》卷五 439 页)

'You will see them take care of … widows, orphans, and old men, never reproaching them.' (Redskin. *ERE* v. 439)

"藉赋予我们哭啼能力,自然向我们昭示,她将最为温柔的心灵赋予人类。这是人身至贵之所在。"(古罗马人。尤维诺。讽刺诗第 15 首第 131 行)

'Nature confesses that she has given to the human race the tenderest hearts, by giving us the power to weep. This is the best part of us.' (Roman. Juvenal, xv. 131)

"他们都说世上所有的国王数他最仁慈、最温和、最善良。"①(盎格鲁撒克逊人。《贝奥武甫》称颂英雄,3180行)

'They said that he had been the mildest and gentlest of the kings of the world.' (Anglo-Saxon. Praise of the hero in *Beowulf*, 3180)

"你在田间收割庄稼,若忘下一捆,不可回去再取,要留给寄居的与孤儿寡妇。"(古犹太人。《申命记》24:19)

'When thou cuttest down thine harvest ... and hast forgot a sheaf ... thou shalt not go again to fetch it: it shall be for the stranger, for the fatherless, and for the widow.' (Ancient Jewish. Deuteronomy 24:19)

八、气节

The Law of Magnanimity

1.

"不公正有两种类型,其一是有些人行不公正行为,其二是有些人虽然可能,但也不使受到不公正对待的人免遭

---

① 陈才宇译《贝奥武甫》(译林出版社,1999)。

不公正行为。"①(古罗马人。西塞罗《论义务》卷一第7章)

'There are two kinds of injustice: the first is found in those who do an injury, the second in those who fail to protect another from injury when they can.' (Roman. Cicero, *De Off*. I. vii)

"人们深知,当暴力或伤害出现之时,他们就应保护自己。他们也知,无论如何取财,一旦会损及不应受损之人,则分文不取。"(英格兰人。胡克《教会政治法规》,卷一第9章第4节)

'Men always knew that when force and injury was offered they might be defenders of themselves; they knew that howsoever men may seek their own commodity, yet if this were done with injury unto others it was not to be suffered, but by all men and by all good means to be withstood.' (English. Hooker, *Laws of Eccl. Polity*, I. ix. 4)

"纵容暴力袭击乃是长敌人之志气。好勇易斗狠,怯懦则卑鄙。"(古埃及人。法老辛努塞尔特三世。转引自《近东

---

① 王焕生译《论义务》(中国政法大学出版社,1999)卷一第7章。

古代史》第 161 页）

'To take no notice of a violent attack is to strengthen the heart of the enemy. Vigour is valiant, but cowardice is vile.' (Ancient Egyptian. The Pharaoh Senusert III, cit. H. R. Hall, *Ancient History of the Near East*, p. 161)

"这时他们到了快乐乡，幸福林里的舒适可爱的绿野，有福者的家就在那里。……住在这里的人，有的为保卫祖国而受了伤……"①（古罗马人。维吉尔《埃涅阿斯纪》卷六第 638—639、660 行）

'They came to the fields of joy, the fresh turf of the Fortunate Woods and the dwellings of the Blessed … here was the company of those who had suffered wounds fighting for their fatherland.' (Roman. Virgil, *Aeneid*, vi. 638—639, 660)

"意志一定要更坚强，斗志一定要更凶悍，勇气一定要更激昂，虽然力量在减弱。领袖躺在这里，他死了，一位英雄落入了尘埃。那些贪生逃走的人，心灵将一生得

---

① 曹鸿昭译《埃涅阿斯纪》（吉林出版集团，2010），第 160—161 页。

不到安宁。"①(盎格鲁-撒克逊人。《马尔顿之战》第312节)。

'Courage has got to be harder, heart the stouter, spirit the sterner, as our strength weakens. Here lies our lord, cut to pieces, out best man in the dust. If anyone thinks of leaving this battle, he can howl forever.' (Anglo-Saxon. *Maldon*, 312)

"称赏并效法那生本欢愉死无悲哀之人。"(斯多葛学派。塞涅卡《论生命的短促》)

'Praise and imitate that man to whom, while life is pleasing, death is not grievous.' (Stoic. Seneca,*Ep.* liv)

"子曰:'笃信好学,守死善道。'"(古中国人。《论语·泰伯第八》)

'The Master said, Love learning and if attacked be ready to die for the Good Way.' (Ancient Chinese. *Analects*, viii. 13)

---

① 中译文采自《海盗史》(蒂姆·特拉弗斯著,李晖译,海南出版社,2010)。

2.

"宁可一死,也不要受奴役,遭凌辱。"①(古罗马人。西塞罗《论义务》卷一第 23 章)

'Death is to be chosen before slavery and base deeds.' (Roman. Cicero, *De Off*. i, xxiii)

"对于一个战士来说,与其活着被人唾骂,不如一死谢罪。"②(盎格鲁撒克逊人。《贝奥武甫》2890 行)

'Death is better for every man than life with shame.' (Anglo-Saxon. *Beowulf*, 2890)

"自然和理性要求,思想和行为应保持优美,应无懦弱,应无贪淫。"③(古罗马人。西塞罗《论义务》卷一第 4 章)

'Nature and Reason command that nothing uncomely, nothing effeminate, nothing lascivious be done or thought.'

---

① 王焕生译《论义务》(中国政法大学出版社,1999)卷一第 23 章。
② 陈才宇译《贝奥武甫》(译林出版社,1999)。
③ 根据路易斯所引英文直译。西塞罗《论义务》(王焕生译,中国政法大学出版社,1999)卷一第 4 章之相应段落是:"没有任何一种其他生物能够感受视觉接受的东西的各部分的优美、可爱和协调一致。自然和理性把这种形象由眼睛传至心灵,认为在思想和行为方面更应保持优美、一致和秩序,避免做什么不合适的或懦弱的事情,从而不想、不做欲望驱使人去做、去想的任何事情。"

(Roman. Cicero, *De Off*. I. iv)

"不要理会有人说,人就要想人的事,有死的存在就要想有死的存在的事。应当努力追求不朽的东西,过一种与我们身上最好的部分相适应的生活。因为这个部分虽然很小,它的能力与荣耀却远超过身体的其他部分。"[1](古希腊。亚里士多德《尼各马可伦理学》1177B)

'We must not listen to those who advise us "being men to think human thoughts, and being mortal to think mortal thoughts," but must put on immortality as much as is possible and strain every nerve to live according to that best part of us, which, being small in bulk, yet much more in its power and honour surpasses all else.' (Ancient Greek. Aristotle, *Eth. Nic.* 1177 B)

"灵魂应指引肉体,灵性指引灵魂。这是首要法则。因此,心灵之至高力量要求其它力量之服从。"(英格兰人。胡克《教会政治法规》卷一第8章第6节)

'The soul then ought to conduct the body, and the

---

[1] 廖申白译注《尼各马可伦理学》(商务印书馆,2003)。

spirit of our minds the soul. This is therefore the first Law, whereby the highest power of the mind requireth obedience at the hands of all the rest.' (Hooker, op. cit. i. viii. 6)

"不要求死,不要贪生;要等待给他规定的时间,有如仆人等待报酬……应该忍受侮辱性语言……屏弃一切肉欲。"(古印度人。《摩奴法典》卷六第 45、47、49 章)

'Let him not desire to die, let him not desire to live, let him wait for his time ... let him patiently bear hard words, entirely abstaining from bodily pleasures.' (Ancient Indian. Laws of Manu. *ERE* ii. 98)

"超然主义者,控制心意,长安于观想超然自我,绝不动摇,一如灯无风不幌。"①(古印度人。《博伽梵歌原本》第 6 章诗节 19)

'He who is unmoved, who has restrained his senses ... is said to be devoted. As a flame in a windless place that flickers not, so is the devoted.' (Ancient Indian. *Bhagavad*

---

① 世尊 A.C. 巴帝维丹达·史华米·巴佈巴译注《博伽梵歌原本》,香港:巴帝维丹达书籍信託出版社,1982。

gita. *ERE* ii 90)

3.

"爱智慧岂非实践死亡?"①(古希腊人。柏拉图《斐多篇》81A)

'Is not the love of Wisdom a practice of death?' (Ancient Greek. Plato, *Phadeo*, 81 A)

"我知道自己吊在树上,被大风吹得旋转不停,整整九个昼夜真漫长。身上七穿八洞血如注,每处伤口都是长矛刺,奥丁我甘愿充当牺牲。"②(古北欧人。《高人的箴言》第139节)

'I know that I hung on the gallows for nine nights, wounded with the spear as a sacrifice to Odin, myself offered to Myself.' (Old Norse. *Hávamál*, I. 10 in *Corpus Poeticum Boreale*; stanza 139 in Hildebrand's *Lieder der*

---

① 王晓朝译《斐多篇》(《柏拉图全集》卷一,人民出版社,2002):"如果灵魂按正确的方式追求哲学,并且真正地训练自己如何从容面对死亡,这岂不就是'实践死亡'的意思吗?"杨绛译《斐多》(三联书店,2012):"灵魂真正是在追随哲学,真学到了处于死的状态。这也就是练习死吧?是不是呢?"

② 诗见石琴娥、斯文译《埃达》(译林出版社,2000)。为保持文脉畅通,直接抄录中译本译文。

Älteren Edda. 1922)

"我实实在在地告诉你们:一粒麦子不落在地里死了,仍旧是一粒;若是死了,就结出许多子粒来。爱惜自己生命的,就失丧生命。"(基督徒。《约翰福音》12:24,25)

'Verily, verily I say to you unless a grain of wheat falls into the earth and dies, it remains alone, but if it dies it bears much fruit. He who loves his life loses it.' (Christian. John 12:24,25)

译附

C. S. 路易斯:《主观论之毒害》
The Poison of Subjectivism

【译按】本文可谓是《人之废》的姊妹篇,尤与本书前两章相映成趣。故而附录于此,以供对参。本文原载 C. S. Lewis, *Christian Reflections*, edited by Walter Hooper (Grand Rapids: Eerdmans, 1995), pp. 72—81. 为方便诸君查考,以斧正拙译,亦将该篇原文附录于拙译之后。

【§1. 主观论比权力哲学为害更甚】在人之贪婪(greed)与骄傲(pride)中,我们始终要面临导致痛苦与邪恶之诱因。然而,在特定历史时期,则因一些错误哲学之一时流行,这一诱因会变本加厉。正确思考不会使一个坏人变好,但是一个十足的理论错误,则会把两可之人交给邪恶,并剥夺他们天赋之善端。① 这类错误在当前流布甚广。我在此并不是指极权国家的权力哲学。它比权力哲学更深入人心,流布更广,而且说实在的,就是它给那些权力哲学提供了黄金机会。我是指主观论(Subjectivism)。

【§2. 人在废黜理性】研究自然环境之后,人开始研究自己。在此之前,他设定了他自己的理性,并通过理性照察万物。而今,他自己的理性成为对象:就像我们拿出自己的眼睛,拿在手里仔细端详。如此一研究,他自己的理性,在他看来俨然就是大脑皮层上化学反应或电子活动的副现象(epiphenomenona),而大脑皮层本身则只是盲目进化过程的副产品(by-product)。他自己的逻辑(logic),此前一直是王者,所有可能世界的事件必须服从,如今变得全然主

---

① "天赋之善端"乃意译,原文为 good intentions of their natural support。1949 年,乔伊(Joy)曾向《纽约邮报》记者说过这样一句话:"这不是一群坏人歪曲了一套好的哲学,而是一套腐败的哲学带坏了许多原来是极之善良而乐于助人的人。"(见[英]B. 希卜黎:《幽谷之旅:C. S. 鲁益士传》,吴里琦译,香港:海天书楼,1998,第 101 页)

观。没有理由假定,它能结出真理之果。

【§3. 理论理性领域主观论为害不大】只要这一废黜仅仅针对理论理性(theoretical reason),它就不会是全心全意的。因为,即便是那些为了证明逻辑纯属主观的科学家,也不得不设定他自己逻辑的有效性(以柏拉图或斯宾诺莎那种生硬的老方式)。因而,他只不过和主观论调情而已。有时候,这一调情的确相当过分。我听说有些现代科学家,他们已经把真理(truth)及实在(reality)扔出他们的词汇表。他们坚持,其工作之目的并非是要知道那里有什么,而只是为了得到实践效果。毫无疑问,这是一个坏征兆。然而大体上看,既然主观论对科学研究而言是个令人尴尬的搭档,那么在这一区域,其危害也一直被抵消。

【§4. 实践理性领域的主观论与客观论】然而当我们转向实践理性(practical reason),就会发现主观论在全力发挥其毁灭性后果。我用实践理性一词是指,我们的善恶判断。我把善恶判断完全置于理性名下,假如你对此感到吃惊,那么请允许我提醒你一下,你的吃惊本身就是我正要讨论的主观论的结果之一。现代以前,一流思想家中无人怀疑:我们的价值判断是理性判断,或他们之所发现都是客观的。他们视为理所当然的是,在诱惑(temptation)中,与情欲(passion)对立的是理性,而不是某种情操。柏拉图这样想,还有亚里士多德,还有胡克、巴特勒和约翰逊博士①。现代观念很不相同。它并不相信,价值判断真正算得上是判断。它们仅仅是情操或情结(complexes)或态度(attitudes)。② 它们仅仅是一个共同体内环境压力及传统之产物,而且共同体之间各不相同。说某一事物好,只不过是在表达我们对于它的感情(feeling)。而我们对它之所以有此

---

① 理查德·胡克(Richard Hooker,1554—1600),文艺复兴时期英国神学家。其多卷本著作《教会政治法规》乃英国圣公会之基石,他亦因此成为16世纪最重要的英格兰神学家之一。参《不列颠百科全书》第8卷156页。

约瑟夫·巴特勒(Joseph Butler,1692—1752),英国圣公会主教,伦理学家。其著作《自然宗教与启示宗教之类比》(*The Analogy of Religion*),抵御自然宗教,捍卫启示宗教。参《不列颠百科全书》第3卷274页。

约翰逊博士(Samuel Johnson,1709—1784),英国诗人、评论家、传记作者、散文家和词典编纂者。塞缪尔·约翰逊,不仅由于他的著作,而且还由于他的富有说服力的、机智诙谐的谈话而成为名人。在整个英国文学范围内,莎士比亚之后,约翰逊也许是最著名,也是最经常被引用的一个人物。参《不列颠百科全书》第9卷59页。

② 罗素曾说:"尽管我不知道如何去拒斥对于伦理价值主观性的论证,但我发现自己不能相信,荒淫残暴的所有错处就是我不喜爱它。"(Russell, "Notes on Philosophy, January 1960", *Philosophy* 35 [1960]: 146—147)有助于我们理解路易斯的这段话。

感情，则取决于社会条件。

【§5. 主观论与意识形态理论】设使果真如此，那么我们也就可以另设条件，另作感受。"或许，"革新家和教育专家想，"要是我们能那样会更好。让我们改进我们的道德。"这一观念看似天真无邪，却会生出一种疾病。这一疾病即便不会摧毁我们这一物种，也必定会终结我们这一物种（而且在我看来，毁掉我们的灵魂）。它也会生出这一致命迷信：人可以创造价值，一个共同体可以选择其"意识形态"(ideology)，就像人选择衣物一样。听到德国把正义界定为符合第三帝国之利益，每个人都义愤填膺。然而我们常常忘记，假如我们自己认为道德只是主观情操，可以随意变更，那么，我们的义愤填膺就毫无根据。除非有一些关于善的客观标尺(objective standard of good)，无论我们服从与否，它也君临(overarching)德国人、日本人以及我们这类人，否则的话，德国人完全有资格去创造他们的意识形态，就像我们要创造我们自己的意识形态一样。假如"好"和"更好"这些词语的唯一含义，来自每一人群的意识形态，那么，意识形态本身当然彼此就不可能有好有坏。除非量杆独立于被量物，否则我们无法测量。同理，比照这一时代与那一时代的道德观念，于事无补:进步及退化都成了毫无意义语词。

【§6. 道德革新家的套路】所有这一切是如此之显而易见,以至相当于等值命题。从道德革新家的套路,就可以见出我们对此浑然不觉。他说了"好"意味着"我们在特定条件下的喜好"之后,接着就欣欣然推断,应当为我们设定条件,以便我们喜好其他,那样或许会更好。可是老天,他说"更好"到底什么意思?

【§7. 实用伦理与本能伦理】在他内心深处,他常常怀有这样一个观念:假如他推翻传统价值判断,那么他就会发现其他某些更"真实"(real)或更"坚实"(solid)的事物,藉以给新价值方案(a new scheme of values)奠基。比如他会说,"我们必须抛弃非理性禁忌,让共同体利益为我们的价值奠基"——仿佛"你须促进共同体利益"这一准则并非"己所欲施于人"之多音节变体似的。后者自身别无基础,除了他宣布要加以拒斥的那种古老的普适价值判断(the old universal value judgement)而外。或者他会努力让他的价值奠基于生物学,他会告诉我们,为了保全我们这一物种,我们必须如此如此做。显而易见,他没有预计到这一问题,"为什么应保全这一物种?"他视之为理所当然。然而,他之所以视为理所当然，是因为他其实还依赖于传统价值判断。假如他真像他所宣称的那样，从白板(a clean slate)开始，他永远得不出这一原则。有时候他试图借助依赖"本能"(instinct)，来得出这一原则。"我们具有一种自我保全的本能"，他或许会说。然而我们有吗？假如我们有，谁告诉我们，我们必须服从我们的本能？为什么我们应该服从这一本能，公然不顾那些与保全物种相互冲突的其他众多本能。革新家知道，服从这些本能而不服从那些本能，只是因为他用一个标尺评判本能。这一标尺，又是他宣称要存而不论的传统道德。本能自身显然不足以提供根据，让我们给本能排列次第。你研究本能时，假如并没有带入关于它们的相对尊卑的知识，那么，你从它们之中也得不出这种知识。

【§8—10. 从来就没有新道德】把传统价值当作主观之物加以抛弃，并以某种新价值方案取而代之，这一企图全然错误。恰如你企图提着自己的衣领抬高自己。让我们用永不褪色的墨水，把这两个命题写进心灵：

（1）人类心灵无力创造新价值，恰如它无力在天空栽植一个新太阳，在色谱上添加一种新原色。

（2）想做此事的任何企图，就是随意撷取传统道德里的某一准则,把这一准则孤立于其他,并进而将其树立为唯一必须。①

【§11. 革新家:树枝要斩断树干的根】第二个命题需要稍作阐明。日常道德教导我们要尊老也要爱幼。只撷取后一个诫命(precept),你建构了一种"未来主义伦理",其中"后代"的要求就成了唯一标准。日常道德教导我们,既要遵守承诺,又要丰衣足食。只撷取后一个诫命,你得出一种伦理,其中,"生产力"及产品分配就是唯一标准。日常道德教导我们,在同等条件下,爱由亲始,要爱自己儿女及同胞,而不是陌生人。把这一诫命孤立出来,你可以得到一种贵族伦理,把我们阶级的要求定为唯一标准;或者得到一种种族主义伦理,除了血统以外不承认任何要求。接着,就以这些单边体系为根据,攻击传统道德。然而这相当荒唐,因为它们所拥有的那点有效性,其唯一来源正是传统道德。从草创开始,不带任何价值预设,我们无法抵达这些体系之中的任何一个。假如对双亲或承诺之尊重,只是生理本性

---

① 原文为 *unum necessarium*,意为 the one thing needful。典出《路加福音》十章41—42节:你为许多事思虑烦扰,但是不可少的只有一件,马利亚已经选择那上好的福分,是不能夺去的。

的副产品,那么,对种族或后世之尊重也同样如此。革新家要斩断其根(root)的那块树干(trunk),却是他所妄图保留的那根树枝(branch)的唯一供养。

【§12. 非此即彼的选择】因而,关于"新"道德或"科学"道德或"现代"道德的全部构想,可以斥之为思想混乱。我们只有两个选择。要么,必须把诸多传统道德准则(maxims of traditional morality)当作实践理性公理(axioms of practical reason)加以接受。实践理性公理不容亦无须论辩支持,更不可去"看"哪个将会不合时宜。要么,就根本无所谓价值,我们误认为是价值的,只不过是非理性情感的"投射"(projections)。藉"我们为何应当服从它"把传统道德一笔勾销之后,在我们哲学的某些晚近阶段再企图重新引进价值,纯属徒劳。我们重新引进的任何价值,都会遭到同样套路的反击。任何用以支持它的论证,都是企图从陈述语气的前提得出祈使语气的结论。这没有可能。

【§13. 道德革新家的两条流行论调】针对我的这一观点,现代心灵有两条申辩。其一宣称,传统道德因时因地而异——事实上,不是只有一种道德,而是有千百种。其二则宣称,把我们自己束缚于不变的道德律条,就是扼杀进步,窒息于"停滞"(stagnation)之中。二者都是无稽之谈。

【§14. 停滞论之悖谬】我们首先看第二条。让我们剥除它从"停滞"一词得来的非分情感力量,因为这一词暗示着水坑或死水。假如水长久不变,水就变臭。由此推论,无论什么长久不变必生腐败,我们就成了隐喻的受害者。空间自始以来一直保持三维,并未因之变臭。直角三角形斜边之平方一直等于两直角边平方之和,它并未因之发霉。爱并未因其忠贞不渝而声名欠佳。我们洗手时,我们是在寻求停滞(seeking stagnation),在让"时光倒流"。我们人为地让双手洁净如初,开始新的一天。我们自生至死,都在人为地抗拒使得双手不断变脏的自然趋势。让我们用描述语词"永久"(permanent)来替代抒情语词"停滞"。永久之道德标尺,是否妨碍进步?相反,除非假定了一种不变的标尺,否则进步就不可能。假如善是个定准,那么至少可能的是,我们应当不断接近它。然而,假如车站像列车一样变动不居,那么,列车如何向它开进。我们关于善的观念是会变迁,然而假如并无绝对而又恒常之善以供回返,那么它们既不会变好也不会变坏。只有在一个完全正确(perfectly right)是"停滞"的条件下,我们才能一点点地接近正确。

【§15. 损益与革命】 然而有人会说,我恰好承认了我们关于善的观念可以改进。"传统道德"既然是我们不得废弃的善道,① 那么这二者如何协调一致? 假如我们比较一下真正道德精进(real moral advance)与单纯革新(mere innovation),就会得到答案。从斯多葛学派和孔子之"己所不欲勿施于人",到基督之"己所欲施于人",是真正精进。尼采之道德则是单纯革新。前者乃精进,因为任何不承认老准则之有效性的人,也就看不到任何理由去接受新准则;而任何接受老准则的人,则会立刻体认到新准则乃是同样原则之延伸。假如他拒斥它,也是因其过度而不得不拒斥,因其走得太远,而不是因为它完全异质于自己的价值观念。然而,尼采式伦理要能得以接受,除非我们做好准备,准备把传统道德当作一个纯粹错误加以废弃,于是也准备让自己处于为任何价值判断找不到根据之境地。其间之不同相当于,一个人对我们说,"既然你喜欢相对新鲜的蔬菜,你何

---

① 原文为 *depositum fidei*,意为 deposit of faith。典出《提摩太前书》六章 20 节:提摩太啊,你要保守所托付你的,躲避世俗的虚谈和那敌真道、似是而非的学问。《提摩太后书》一章 14 节:从前所交托你的善道,你要靠着拿住在我们里面的圣灵牢牢地守着。

不自己种菜,以得到完全新鲜之蔬菜?"另一个人则对我们说,"扔掉那菜叶,试着吃一下砖头和蜈蚣。"①总而言之,真正道德精进发生于现行道德传统之内,本着这一传统的精神,而且只有按照这一传统方能得到理解。那些拒斥这一传统的局外人(outsider),不能评判它们。他恰如亚里士多德所说,没有始点(arche),没有前提(premises)。②

---

① 这段文字,重现于《人之废》第2章第19段。
② 【译注】廖申白译注《尼各马可伦理学》(商务印书馆,2003)1095a—b:"我们也不要忽略,在从始点出发的论据同走向始点的论据之间存在着区别。……我们当然应当从已知的东西出发。但已知的东西是在两种意义上已知的:一是对我们而言的,二是就其自身而言的。也许我们应当从对我们而言是已知的东西出发。所以,希望自己有能力学习高尚[高贵]与公正即学习政治学的人,必须有一个良好的道德品性。因为,一个人对一件事情的性质的感觉本身就是一个始点。如果它对于一个人是足够明白的,他就不需再问为什么。而受过良好道德教育的人就已经具有或是很容易获得这些始点。至于那些既不具有,也没有能力获得这些始点的人,他们应当听一听赫西俄德的诗句:自己有头脑最好,肯听别人的劝告也不错,那些既无头脑也不肯听从的人,是最低等的人。"

廖申白译注《尼各马可伦理学》1140b:"科学是对于普遍的必然的事物的一种解答。而证明的结论以及所有科学都是从始点推出的(因为科学包含着逻各斯)。所以,科学据以推出的那些始点不是科学、技艺和明智可以达到的。"

廖申白译注《尼各马可伦理学》1151a:"德性保存着始点,恶则毁灭始点。在实践中,目的就是始点,就相当于数学中的假设。所以在实践方面也和在数学上一样,始点不是由逻各斯述说,而是由正常的、通过习惯养成的德性帮助我们找到的。"

【§16. 文化相对主义，一个谎言】 我们怎么看另一条现代反对——不同文化之伦理标尺大相径庭，根本就没有共同传统？答案就是，这是一个谎言，一个广为传诵的结结实实的谎言。倘若一个人愿意花上几天时间，在图书馆翻阅《宗教和伦理学百科全书》的话，他很快就会发现，人身上实践理性的惊人一致。从巴比伦《圣歌》中，从《摩奴法典》、《古埃及亡灵书》、《论语》、斯多葛主义、柏拉图主义，从澳洲的土著人和红肤人中，他将会搜集到，关于欺压、谋杀、背叛和说谎，它们全都一致谴责；而关于尊老爱幼、保护弱者、乐善好施、公正和诚实等美德，它们全都一致劝诫。① 虽然可能略感讶异（我的确讶异）地发现，仁慈之诫命（precepts of mercy）比公正之诫命（precepts of justice）频率更高；但他将不再怀疑，类似"天理"（the Law of Nature）的某种东西存在。的确是有差异。甚至在某些文化里，还有道德盲区——恰如有野蛮人，数不到二十。然而，借口说我们面对的仅是一团乱麻——即便普遍接受之价值并未现出轮廓时——无论如何都是谎言。而且无论何时何处碰见这一借

---

① 详见《人之废》附录。

口,都应予以否定。与其说我们发现一团乱麻,不如说我们恰好发现我们应当期待的,假如善的确客观,假如说理性(reason)就是藉以领会客观之善的器官(organ)。换言之,我们发现的是一种实质的一致(a substantial agreement),尽管不同地域强调重点不同,尽管没有一个律条(code)包管万事。

【§17. 掩盖天理的两种堂皇策略】掩盖此一致性的两个堂皇策略就是:其一,你可以专挑性道德之分歧。最严肃的道德家都会认为,性道德属于实证领域(positive),而非属于天理(Natural Law),尽管它激起强烈情感。关于乱伦定义之分歧,或多偶制与一夫一妻制之分歧,就在此名下。(说希腊人认为性反常无辜,这并不对。比起亚里士多德之严令禁止,柏拉图嗤之以鼻其实是更有力的证据。人之所以会嗤笑,至少也是认为此事是个过错:《匹克威克传》①中的醉鬼笑话,不是证明19世纪英国人认为醉酒无辜,而是相反。希腊人关于性反常的观点与基督教观点的巨大差异在度,但却没有对立。)第二个策略就是,把其实是

---

① 《匹克威克传》(*Pickwick*),狄更斯小说。

关于事实的不同信念(differences in belief about fact),当作价值判断之不同。于是,人牲(human sacrifice)、处死女巫,被援引来作为巨大道德差异的证据。然而,其真正差异在别处。我们不再抓捕女巫,是因为我们不相信她们之存在。我们不再杀人以防止瘟疫,是因为我们不再认为瘟疫如此就可防止。我们在战争中还"牺牲"人,我们也抓捕间谍和叛徒。①

【§18. 可能来自神学的反对意见】至此,我们已经虑及不信者(unbelievers)会给客观价值论或天理提出的反对意见。然而在我们的时代,我们必须准备面对来自基督教的反对意见。"人文主义"(humanism)和"自由主义"(liberal-

---

① 路易斯在《返璞归真》(汪咏梅译,华东师范大学出版社,2007)中指出,古人处死女巫今人则否,"这里不存在道德原则的差异,只存在事实的差异"。他说:

毫无疑问,我们今天不对巫师处以极刑是因为我们不相信巫师存在。如果我们相信,如果我们真的认为周围有人把自己的灵魂出卖给了魔鬼,从他那里换取超自然的能力,用它来伤害邻人的性命、将邻人逼疯、带来恶劣的天气,我们大家肯定会一致同意,若有人配处以极刑,那一定是这些卑鄙地出卖灵魂的人了,对不对?这里不存在道德原则的差异,只存在事实的差异。不相信巫师可能是知识上的一大进步,当你认为巫师不存在的时候,不对他们处以极刑不是道德上的进步。如果一个人相信自己的房子里没有老鼠,所以不再安置捕鼠夹,你不会因此称这人很仁慈。(第30页)

ism)二词日渐被用来仅仅表示非难。我所采取的立场,极有可能扣上这两个帽子。这二词背后,则潜伏着一个真正的神学问题。假如我们把实践理性的首要共识(the primary platitudes of practical reason),当作所有行止的不可质询的前提加以接受,那么,我们岂不是因此过于信任我们自身之理性,而忘记了堕落(the Fall),而且让我们的绝对忠贞背对一个位格(a person)、转向一个抽象(an abstraction)?

【§19. 堕落关乎为善而不关乎知善】关于堕落,我以为经文大旨并不鼓励我们相信,我们关于律法(the Law)的知识的败坏程度,与我们对律法的履行能力的败坏程度相同。假如有人声称,他对人之堕落状况的认识,比圣保罗更清楚,那么他是个勇夫(a brave man)。在《罗马书》七章,保罗最强烈地断言,我们没有能力持守道德律(moral law)。也就在那一章,保罗也最为自信地断定,我们感知到律法的善(Law's goodness),而且内心欢喜这个律。① 我们的"义"

---

① 《罗马书》七章19—23节:我所愿意的善,我反不作;我所不愿意的恶,我倒去作。若我去作所不愿意作的,就不是我作的,乃是住在我里头的罪作的。我觉得有个律,就是我愿意为善的时候,便有恶与我同在。因为按着我里面的意思(原文作"人"),我是喜欢神的律;但我觉得肢体中另有个律和我心中的律交战,把我掳去叫我附从那肢体中犯罪的律。

(righteousness)或许已遭玷污或被撕碎,但是基督教并没有给我们理由让我们认为,我们的正义感(perceptions of right)也处于同等境地。无疑,它们或许已经受损,但是视力不好确实不同于眼瞎。假如有一神学,打算说我们的实践理性极不可靠,那么,它是在把我们领向灾难。一旦我们承认,上帝所说的"善"(goodness)截然不同于我们所判断的善(good),那么纯粹宗教(pure religion)和魔鬼崇拜(devil worship)之间就毫无二致。

【§20. 来自神学的另一反对】另一反对更难对付。一旦我们承认,我们的实践理性为真正之理性,实践理性之根本律令如其所称的那样绝对(absolute)那样不讲条件(categorical),那么,对它们的无条件的忠贞(unconditional allegiance)就是人之义务。对上帝的绝对忠贞也是如此。这两项忠贞,必定在某些方面相同。然而,如何表述上帝与道德律之关系?说道德律就是上帝的律(God's law)并非最终解决。到底道德律正确是因为上帝命令(command)之故,还是上帝之所以命令是因道德律正确之故?假如选取前者,假如善被界定为上帝所命令的,那么,上帝自身之善(the goodness of God Himself)就会失去意义,一个全能魔王之命令,也会与"公义的主"之命令具有同样的约束力。假如选取后者,我们看上去就承认了宇宙中的两头政治(a cosmic dyarchy),甚至让上帝自己成为律法的执行者,这一律法仿佛既外在于祂之亲在(His own being),亦先于祂之亲在。

【§21. 上帝是爱】到此,我们必须提醒自己,基督教神学并不相信上帝是一个人(a person)。基督教所信的上帝就是,在祂之中,三个位格(a trinity of persons)与一位真神(a unity of Deity)是一致的。在此意义上,它所信仰的上帝与人之不同,恰如正方体与正方形之不同。在正方体中,六个正方形与一体是一致的。(假如二维世界之居民,企图想象一个正方体,就会要么想作六个正方形之叠加,从而取消它们之分际;要么想作它们之平列,从而取消了一体。三位一体对于我们,有类似困难。)因而,当我们先思考我们在天之父,再思考道德律的自明律令时,就有一个二重性(duality)看起来就会把自身强加于我们头上。这一二重性不是一个小错,而是对某类事物之真实感知(尽管并不充分,亦有受造印记)。这类事物,在进入我等经验范围的任何存在形态里,必然是二;然而,在超个人的上帝的绝对存在里,则并无此二分。当我们试图思考一个人和一个律法,我们就被迫把此人想作,要么是律法之服从者,要么是律法之制定者。当我们把祂想作律法制定者时,我们又被迫想象祂制定律法,要么取法一些更为终极的善的典范(在此情况下,至高无上的是那个典范而不是祂),要么祂率性而为,我行我素①(如此,祂则既不善又不智)。然而在这里很有可能,我们所用范畴背叛了我们。仅仅凭借我们的可朽资源(mortal resources),企图矫正我们的范畴,将是徒劳——我在行"重大和测不透的事"②。但或许可以确定两个否定性限定:上帝既不服从也不创造道德律。善,并非被造;它是不变之常;在善之中,并无偶然性之阴影;恰如柏拉图所说,它在实存之彼岸。③ 对印度教而言,诸神之神性,赖于梨多

---

① 原文是拉丁文 *a sic volo*, *sic jubeo* 意为"This I will, this I command",即汉语我行我素之意。典出 Juvenal, *Satire* VI (against women), 223 行。

② 原文为拉丁文 *ambulavi in mirabilibus supra me*。典出拉丁文《诗篇》一百三十一篇 1 节 *Neque ambulavi in magnis*, *neque in mirabilibus super me*。中文和合本译为"重大和测不透的事,我也不敢行"。

③ 王洋译注《理想国》(华夏出版社,2012)509b:"太阳不仅把可以被看到的能力给了一切可以被看到的东西,而且给了它们出生、成长、获得养料的机会和力量,而自己并不属于出生之物。……因此,你可以声称,对一切可以被认识的事物来说,不仅是可以被认识的能力来自那一美好的东西,而且它们的存在和它们的实体也都得益于那一东西,尽管美好的东西本身并不是实体,然而,在地位和力量方面,它胜过实体。"

(Rita);对中国人而言,万物并育,因道之行。而我们,则比这些绝顶聪明的异教徒更受宠爱。我们知道,那超越实存者、绝无偶然者、给其他事物赐予神性者、为全部实存之根基者,不仅仅是律法(law),而且是爱(love)。既是生养之爱(a begetting love),也是受生之爱(a love begotten)。爱爱相生,爱充盈那些分有爱之自生自长之生命的人。上帝不仅是善(good),而且是善之为善(goodness);善之为善不仅仅是神(divine),而且是主(God)。

【§22. 价值主观论与民主互不相容】也许这听起来像是玄微思辨;然而我相信,要是缺少这一思辨,无论什么都不能拯救我们。一种信仰终其究竟可能与魔鬼崇拜无异,假如它并不认为,道德经验和宗教经验汇合于无限(infinity)的话。它们并非汇合于否定之无限(negative infinity),而是汇合于肯定之无限(positive infinity),即活生生而又超个人的上帝(living yet superpersonal God)。一种哲学,假如并不承认价值之恒常(eternal)与客观(objective),只能把我们带向毁灭。这不仅仅关乎思辨。民主平台上(democratic platform)的许多很有人气的"规划家",民主实验室(democratic laboratory)里许多文绉绉的科学家,说到底,与法西斯主义者之意无异。他相信,"善"意味着人在一定条件下所赞同的任何东西。他相信,他以及他这类人的功用就是,为人创造条件;借助优生学、对婴儿的心理控制、国民教育和群众宣传,来创造良知。由于他的糊涂,他不会充分认识到,那些创造良知的人,本人不会是良知的臣民。然而他必定迟早会意识到其立场之逻辑。当他有一天意识到了,还有什么能阻止我们把人类这一物种最终分成两组,一边是立身道德之外的极少数配制师(conditioners),另一边则是人数众多的受配制者(conditioned),专家在这些人身上随心所欲地生产他们所选择的道德?假如"善"就是本土意识形态(local ideology),那么,那些发明本土意识形态的人,本身如何接受任何善的观念的指引?正是自由这一观念,预设了某种君临统治者及被统治者的客观道德律(objective moral law)。价值主观论与民主制永不相容。我们和我们的统治者,只有在臣服于同一律法的条件下,才是同类。假如并无天理(Law of Nature),那么,任何社会的道德风气(*ethos*)都是其统治者、教育者及配制师之创造。别忘了,任何创造者相对于其创造,都是高高在上,都是置身事外。

【§23. 回归古道】除非我们回归对客观价值的粗糙而又幼稚的信仰，否则我们就会灭亡。假如我们回归了，我们或许会活下来。这样一种回归，有一个小小的优势。假如我们相信基本道德共识之终极实在（the absolute reality of elementary moral platitudes），我们就应当珍视这些人，他们不用新近流行的道德标尺来拉拢我们，而是用其他。当我们相信，善就是发明之物，我们就会要求我们的统治者有这类品质，诸如"远见"(vision)、"活力"(dynamism)及"创造性"(creativity)等等。假如我们回归客观论，我们则会要求统治者具备更稀有也更有益的品质——德性(virtue)，知识(knowledge)、勤勉(diligence)及才干(skill)。"远见"(vision)四处都有卖的，或者据说四处都有卖的。然而你给我找出一个人来，此人当一天和尚撞一天钟，还会拒绝贿赂，还不会捏造事实，还励精图治。

答　谢

自 2008 年翻译过一本书后,曾经下定决心,今生今世不再译书。因为,翻译之劳神费力,两倍于写书。因为写书,不懂的地方,绕过去,读者不知道;译书,绕不过去。还有,翻译现今根本不算所谓"学术成果"。

然而却译了,而且是兴致勃勃地译。这不是出尔反尔,而是感激。为了防止答谢词写得过于煽情,特意用一下公文体。诚挚答谢这些人:

1. C. S. 路易斯。真是难以想象,人到中年之时,还能邂逅 C. S. 路易斯。阅读路易斯,我的体验与友人杨伯类似:"路易斯教我用一种全新的目光看我自己。他的世界之外,我是完整的,至少是稳定的。我熟练地走着我的路,努力取悦同路人,清风拂面,还会熏熏然赞叹一下自己这个好人。走进路易斯的世界,还是原来的我,完整、稳定、熟练的一切瞬间凌乱。在那里,问题的核心,不是我在我的眼中如何、我在邻人眼中如何,而是我首先活在上帝眼中。"

2. 杨伯。2013年12月28日,杨伯有些煽情地对我说,他此生最感谢我的就是,我让他认识路易斯。我嫌此评价太低。他反问,这还低啊?古人有言:"独学而无友则孤陋而寡闻。"路易斯,是我们共同阅读的。我下决心翻译路易斯,是他鼓励或勒令的。每译一篇或一章,名为供他分享,实是请他校订。人好些时候,极为脆弱。尤其是在做好事时,往往会失去毅力或勇气,四处给自己寻找借口,还美其名曰理由。

3. 刘辉和刘训练教授。起初只是闷头闷脑翻译。只管生产,不论销路。友人刘辉坐不住了,他要帮我联系出版社。我不配合。他执意。我还是不配合。有一天,他打电话过来说,他已经请我的同事刘训练教授,帮我寻找出版社。那段时间,刘辉家门多故,又适值丧亲之痛。作为故人,我发觉自己连句像样的安慰话都不会说。实在对不住啊,阿辉。

4. 倪为国先生和六点分社。这个世界上有两种书,一种是供你使用,一种是供你接受。读完前者,你依然故我;读完后者,则有可能变化气质。在刘训练教授介绍我认识倪先生之前,我曾经私底下向朋友表示过,感谢倪先生策划出版"路易斯著作系列"。认识之后,倪先生对我这个无名小辈翻译路易斯,除了鼓励,就是感谢,感谢我对他的支持。可是,应是我感谢他才对,感谢倪先生及编辑对我的信任与厚爱。这个世界上有两种宝贵,一种是贵重,一种是珍贵。倪先生曾约请我在南开大学爱大会馆前面的小花园里谈谈,那段谈话,是我心中的一段珍贵记忆。

5. 者也读书会的几位小朋友。2012年春,我与朋友杨伯创办"者也读书会",每周六下午与二三十个小朋友一起读书,每学期读一本经典著作。者也读书会第三季,一字一句会读路易斯的《四种爱》。鉴于路易斯之文风,本科生也不觉艰深,故而译稿曾专门约请读书会的普亦欣、王珊珊、乔方瑜把关,指定叶达核对原文校对。

6. 家人。翻译路易斯,最疯狂的那段日子是寒假。我没有回家探望三千里外年逾八旬的母亲,也不再承当任何家务,甚至在春节期间,只给自己放了一天假。终于有一天,孩子有些怯生生地对我说,我已经很长时间没有跟她玩了。

7. 陈进波先生。陈先生是我在兰州大学攻读硕士时的导师,一生默默无闻,是地地道道的革命老黄牛。那些年,他含辛茹苦地培养我,手把手教我写文章,以身垂范教我做人。2014年1月8日,是我可敬可爱的陈进波老师辞世三周年祭日。无以为祭,只有翻译,自苦为极的翻译。谨以拙译献给父亲一样的老师:陈进波先生。

图书在版编目(CIP)数据

人之废/(英)C.S.路易斯著;邓军海译注;叶达校.
——上海:华东师范大学出版社,2015.3
ISBN 978-7-5675-3014-0

Ⅰ.①人… Ⅱ.①路…②邓…③叶… Ⅲ.①教育学—文集 Ⅳ.①G40-53

中国版本图书馆 CIP 数据核字(2015)第 017253 号

华东师范大学出版社六点分社
企划人 倪为国

本书著作权、版式和装帧设计受世界版权公约和中华人民共和国著作权法保护

路易斯著作系列
人之废

著 者	(英)C.S.路易斯
译注者	邓军海
校 者	叶 达
责任编辑	倪为国 何 花
封面设计	姚 荣
出版发行	华东师范大学出版社
社 址	上海市中山北路3663号 邮编 200062
网 址	www.ecnupress.com.cn
电 话	021-60821666 行政传真 021-62572105
客服电话	021-62865537 门市(邮购)电话 021-62869887
地 址	上海市中山北路3663号华东师范大学校内先锋路口
网 店	http://hdsdcbs.tmall.com
印 刷 者	上海景条印刷有限公司
开 本	787×1092 1/32
插 页	4
印 张	6.75
字 数	90千字
版 次	2015年3月第1版
印 次	2025年3月第7次
书 号	ISBN 978-7-5675-3014-0/G·7891
定 价	45.00元
出版人	王 焰

(如发现本版图书有印订质量问题,请寄回本社客服中心调换或电话021-62865537联系)